LETTRES

SUR

L'ITALIE.

LETTRES SUR L'ITALIE,

EN 1785.

Et me meminisse juvabit. Virg.

TOME SECOND.

A ROME;

Et se trouve A PARIS,

Chez { DE SENNE, Libraire de Monseigneur Comte d'ARTOIS, au Palais Royal.
DE SENNE, Libraire, au Luxembourg.

1788.

LETTRES
SUR L'ITALIE,
En 1785.

LETTRE LXV.

A Rome.

Que de richesses et de beautés dans le palais de la villa *Borghèze* !

C'est une quantité de colonnes, de pilastres, de vases, d'ornemens, en albâtre, en marbre, en bronze, en porphyre ; et puis en porphyre, en bronze, en marbre, en albâtre.

Mais trop de magnificence est un défaut. — La richesse cache la beauté.

Puisque vous voulez que je juge, si cette femme est belle, ôtez-lui donc ces diamans et cette draperie ; faites au moins que je la voie.

Il n'y a qu'une manière de parer la beauté, c'est de la montrer, ou plutôt de la laisser voir.

A travers tout cet or, tout ce porphyre, tout ce marbre, je suis pourtant parvenu à distinguer un *Curtius*, qui se précipite.

Le héros et le coursier sont véritablement tombés ; on détourne la vûe.

Comme ce coursier lutte avec effort contre le poids qui l'entraîne ! Comme il répugne à l'abîme ! Curtius, au contraire, d'un air dévoué, s'abandonne : il se hâte au précipice, il s'y plonge. Contraste admirable de la nature physique, qui cède, et de la nature morale, qui triomphe !

Il vaut mieux considérer ce buste de Marc-Aurèle.

Cherchons son ame et son esprit dans tous ses traits. Oui, Marc-Aurèle devoit avoir cet air mélancolique : il aimoit les hommes, il vouloit les rendre heureux, et il connoissoit les hommes.

Ce buste est fini ; le ciseau a pris plaisir à représenter Marc-Aurèle ; il s'est reposé par-tout.

Que l'ame éprouve de délices à contempler les traits des bons princes ! Elle s'enivre de leur image. On croit être, un moment, en présence des dieux.

Il faut vous parler du célèbre gladiateur.

Dans l'Hercule du palais Farnèse, l'art a montré toute la force, que le corps humain peut contenir ; dans le gladiateur du palais Borghèze, l'art a montré toute la vigueur, que le corps humain peut déployer.

On sent que le coup victorieux est déjà hors de la main du gladiateur, qu'il est lancé : on sent la mort de l'adversaire, dans ce regard.

Que les trois lignes de marbre, sur lesquelles tout ce gladiateur est rassemblé et tendu, sont savantes !

Ce groupe d'Apollon qui poursuit Daphné, fait honneur au ciseau du Bernin.

Apollon atteint Daphné, qui soudain est un laurier. Déjà ses cheveux épars sont des feuilles ; les doigts de ses pieds délicats, des racines ; son beau sein fuit sous l'écorce ; de jeunes branches ont remplacé ses jeunes bras.

Le vent souffle dans les cheveux d'Apollon.

Vous rappellez-vous cette prière charmante qu'Ovide prête à Apollon ? *Daphné, ne cours pas du moins sur les cailloux. Ah ! fuis plus lentement, cruelle ; je te poursuivrai moins vîte.* Je crois entendre, ici, cette prière.

Je ne peux plus ni admirer, ni regarder, ni même voir. Ma sensibilité est épuisée : je sors.

LETTRE LXVI.

A Rome.

Je suis entré, ce matin, chez un libraire.

J'y ai trouvé plusieurs de nos bons ouvrages modernes.

Ce portrait en grand de la nature, peint par Buffon. — Cet ouvrage sur l'astronomie ancienne et moderne, où la science et le génie ont confié à l'éloquence les secrets du soleil. — Cette histoire sage et humaine de la rivalité de la France et de l'Angleterre. — Cette traduction de l'histoire de Charles-Quint, par un écrivain capable de l'original. — Ces drames si touchans de Mélanie, qui nous rappèle Racine, et de Philoctète, qui nous rend Sophocle. — Cet éloquent Bélizaire, qui apprend aux peuples à plaindre les

rois; aux rois, à avoir pitié des peuples.
—Ce poëme sur les Jardins anglois, que le goût françois a écrit. — Ce poëme des Mois, qui charmera, dans tous les temps, les amans de la nature et de la poésie. — Ce poëme des Saisons, où sont les saisons. — Enfin, ce grand présent fait aux empires, l'*administration des finances*.

J'ai vu le P. J..... justement célèbre par son esprit, ses connoissances et son caractère. Si vous voulez en être bien reçu, ainsi que de tous les savans de l'Europe; présentez-lui une lettre de recommandation du secrétaire des sciences, l'illustre marquis de Condorcet.

J'ai vu, ici, au bas du portrait de M. de Condorcet, cette inscription :

D'un sage, voici le modèle,
En même-temps que le portrait.
La vérité, jamais, eut-elle
De secrétaire plus fidèle,
Et de confident moins discret?

Le P. J..... a beaucoup d'envieux. Heureusement il les mérite. Qu'est-ce donc que l'envie? C'est, une impatience, dans les petits, de supériorité; dans les grands, d'égalité.

Un mot sur l'académie des arcades. C'est un nom.

LETTRE LXVII.

A Rome.

On m'avoit proposé d'aller voir un tableau du Guerchin, qui représente l'arrivée imprévue d'Herminie chez des bergers.

J'ai été le voir; j'étois curieux de comparer le tableau qu'en a fait le Guerchin, avec celui qu'en a fait le Tasse.

Qu'ils sont différens l'un de l'autre !

Lisez d'abord le Tasse. Herminie, agitée de terreur et d'amour, a long-temps erré, pendant la nuit, dans une forêt; vaincue par la douleur et la fatigue, elle s'arrête et s'endort. Le chant des oiseaux, au lever de l'aurore, la réveille; elle les écoute, et pleure : tout-à-coup elle entend des sons, qui arrivent à son oreille, et qui passent jusqu'à son ame : ce sont des voix pastorales et des musettes. Ses larmes s'arrêtent; elle se lève; elle s'avance lentement, à travers les arbres, vers les voix pastorales et les musettes. Elle apperçoit, au milieu d'un bocage, un vieillard assis sous un platane, son troupeau à côté de lui, et tressant une corbeille d'osier, tandis que deux jeunes bergers et une jeune bergère chantent ensemble, devant leur père, un air champêtre. En voyant un casque, des armes, un guerrier, les bergers ont peur et se taisent; mais, sur le champ, Herminie ôte son casque, et les bergers n'ont plus peur. Herminie s'approche, leur sourit, et elle leur dit: « continuez, famille heureuse, bergers « chéris du ciel, continuez à travailler « et à chanter ; certainement ces armes « ne viennent point porter le trouble

« au milieu de vous; je ne viens point
« interrompre vos travaux et vos chan-
« sons ». Une larme coule alors des
beaux yeux d'Herminie sur son beau
sein.

Regardez à présent le Guerchin.
Herminie est au milieu d'une forêt ;
elle avoit ôté son casque : deux petits
enfans, qui étoient à vingt pas d'elle,
l'apperçoivent, et, tout effrayés, s'enfuient ; un troisième se cache dans les
bras d'un vieillard assis sous un arbre ;
à quelque distance, la femme du vieillard, qui tiroit de l'eau à un puits,
s'arrête, et, d'un air étonné, regarde.

Composition ridicule !

Comment Herminie a ôté son casque,
et ces bergers ont peur ! Comment
Herminie a été attirée dans ce lieu par
un concert de voix pastorales et de
musettes, et les bergers sont de petits

enfans ! Enfin, ce lieu doit être un bocage, et vous y placez un puits ! Qu'avez-vous fait du ruisseau ?

Mais voyez comme ce coloris est vrai ! comme ces couleurs sont harmonieuses ! comme le clair obscur est bien ménagé !

Il est bien question ici de peinture ; je vous demandois un poëme.

Charmante idée du poëte ! Herminie a ôté son casque, non de dessein prémédité, mais par instinct, par une sorte de coquetterie naturelle ; elle aime ; elle est malheureuse ; ce sont des bergers qu'elle voit ; mais elle est femme.

LETTRE LXVIII.

A Rome.

Polidore, jeune sculpteur d'Athênes, venoit d'assister aux jeux de l'Elide.

Il avoit vu exposées, autour du stade, aux yeux de la Grèce entière, les statues des héros et des dieux.

Il avoit vu le jeune homme enivrer son cœur de la Vénus de Praxitèle, et le front de la jeune beauté rougir de pudeur, auprés du Mercure de Termisandre: il avoit vu, dans le regard d'un disciple de Socrate, la pensée religieuse immobile devant le Jupiter de Phidias.

L'amour de la gloire et la jalousie (mais cette noble jalousie, compagne du talent et de l'amour de la gloire) s'emparent du cœur de Polidore. Il sort de l'enceinte des jeux : il gagne les bords de la mer ; et là , seul , en silence, pensif, il n'entend point les flots qui viennent se briser, avec fracas, sur le rivage ; il n'entend que la voix de la renommée , qui publie , dans l'univers, les noms de ses rivaux, et les éternise.

Oui, s'écria-t-il, elle publiera aussi le mien ; il faudra bien qu'elle le publie ; il faudra qu'on dise aussi, en me voyant paroître : *le voilà*. Je forcerai, à mon tour, mes rivaux à entendre mon nom avec inquiétude. J'obligerai ce superbe et pesant regard des hommes puissans à tomber, de moins haut, sur mon front, et celui des beautés les plus dédaigneuses, à ne plus négliger Polidore. Sur moi s'arrêtera, avec plus de complaisance, le regard de ma chère Éphire.

Si je pouvois concevoir un chef-d'œuvre, qui vainquît tous ceux que le ciseau grec a, jusqu'à présent, inventés !

Essayons de réunir, dans un seul œuvre, le vrai, le beau, et le sublime, tout-à-la-fois.

Pour former cette heureuse alliance, je choisirai le modèle, parmi les dieux; les formes, dans le beau idéal; les charmes, entre l'adolescence et la virilité; l'action, parmi celles qui ne commandent que cette expression modérée, où le vrai souffre le beau, et où le beau n'exclut pas le vrai.

Alors l'imagination de Polidore entra dans l'olympe, et passa en revue tous les dieux.

Elle ne s'arrêta point à Mars; elle ne s'arrêta point à Mercure: elle dédaigna Adonis, que Vénus seule avoit fait dieu.

Je ne vois, dit-il, qu'Apollon, qui puisse remplir mon projet : je ne vois que le dieu du jour, le maître de la lyre, le fils de Jupiter, et le vainqueur du serpent Pithon. Polidore choisit Apollon.

Le jour commençoit à tomber : Polidore revient chez lui, il se couche : il ne peut dormir, il rêve, il pense, il imagine.

Le voilà, s'écria-t-il. Il marche ; il apperçoit le monstre ; il tend son arc, le monstre est mort, et le dieu sourit d'indignation. Le bras qui avoit tendu l'arc est encore suspendu ; l'autre repose.

Au premier rayon du jour, Polidore vole à l'attelier.

Il fixe le regard sur un bloc de marbre. Il est là, dit-il, je le vois (son génie venoit de l'y faire passer) ; il faut maintenant qu'il en sorte.

Déjà les ciseaux de ses élèves se sont emparés du bloc. Mais si-tôt que Polidore croit voir la place où est le dieu, il arrête les ciseaux de ses élèves et prend le sien.

Chaque coup qu'il donne, détache et fait tomber, à ses pieds, une partie du voile qui lui dérobe Apollon.

Déjà on voit briller le corps le plus noble, le plus harmonieux, le corps le moins viril et le moins adolescent tout-à-la-fois, des membres épurés de tous les besoins de l'humanité, et naissant les uns des autres.

Mais la tête cependant reste cachée; et, si le corps doit être dieu, la tête doit être Apollon. C'est la tête sur-tout qui doit montrer le dieu de la lyre et du jour, et le vainqueur du serpent Pithon.

Le ciseau de Polidore tremble, en approchant de cette tête divine, et hésite à la dévoiler; mais enfin, enhardi sans doute par Apollon lui-même, il parcourt légérement le front, qui soudain pense; il appuie sous ses sourcils, et des yeux s'échappe un regard, qui a dévancé la flèche : enfin il passe sur les lèvres, et l'indignation s'en exhale.

C'est-là cet Apollon du Belvédère ! C'est-là ce marbre fait dieu, par un de ces ciseaux créateurs, qui, en choisissant, ou combinant, ou imitant la nature, ont surpassé la nature !

Qu'il est beau ! qu'il est noble ! qu'il est imposant et touchant tout-à-la-fois !

Comme ce corps parfait se développe ! L'œil est forcé, en le parcourant, de suivre la ligne admirable qui le dessine. Il ne peut s'arrêter nulle part.

Quel artiste que Polidore !

On est obligé de se ressouvenir que cet Apollon est de marbre, pour penser qu'il est d'un homme.

C'est un bonheur que le temps ait respecté cette étonnante combinaison des formes humaines les plus parfaites !

Sans cesse je viens la voir, je viens l'étudier sans cesse ; je viens élever mon imagination et mon cœur vers ce beau idéal, dont cette statue est peut-être le chef-d'œuvre.

Polidore est un nom supposé.

LETTRE LXIX.

A Rome.

J'ai été voir hier les catacombes du couvent de saint Sébastien.

Le Jacobin qui m'a servi de guide, m'a paru un homme d'esprit, et sur-tout d'imagination.

Après être entré dans la première rue de ce souterrain immense, vous voyez, m'a-t-il dit, à droite et à gauche, dans ce roc, la place des cadavres qu'on avoit étendus les uns sur les autres : on en a trouvé, dit-on, plus de cent mille; c'étoient des corps de martyrs.

Voilà des instrumens de supplices, des autels, une statue, en marbre, de saint Sébastien, par le Bernin, et voici des éboulemens.

Il en arrive de temps en temps, a-t-il ajouté; aussi n'avance-t-on qu'avec beaucoup de précaution, dans ce souterrain dangereux : plus d'une fois des malheureux étrangers y sont entrés, et n'en sont pas sortis.

Il y a quarante ans, qu'un jeune homme et sa femme eurent la curiosité d'y pénétrer. Ils s'avancent, précédés d'un guide et d'un flambeau : soudain, derrière eux, le rocher s'éboule.

La soirée étoit écoulée. On cherche le guide dans tout le couvent, on va par-tout, on passe devant les catacombes ; ô terreur ! la porte n'étoit pas fermée !

On se hâte, on allume, on descend, on visite, on pénètre : on rencontre le nouvel éboulement !

On appelle. Des cris répondent. — Mais le moyen de remuer ce rocher, de soutenir cette voûte, de pratiquer une issue?

Bientôt on n'entendit plus que des gémissemens confus; tout-à-coup, on n'entendit plus rien : on écouta encore, on écouta plusieurs fois, on n'écouta plus ; on s'en fut. — Le récit de mon guide me fit frissonner.

Quelle scène mon imagination se peignit derrière ce rocher éboulé! quand la lumière menaça de s'éteindre! — quand elle s'éteignit tout-à-fait! — que la femme ne vit plus son mari; que le guide ne vit plus la route ; quand ces ténèbres furent devenues, pour eux, les eternelles ténèbres de la mort! — quand ils se sentirent tous les deux dans le tombeau!

En continuant notre route, mon guide m'apprit l'histoire de ces catacombes. Il m'en parloit avec un intérêt, qui prouvoit son imagination et sa foi.

C'est ici, me disoit-il avec feu, que les chrétiens, persécutés par les Césars, se rendoient, vers le soir, pour célébrer leurs mystères. Femmes, enfans, vieillards, riches, pauvres; tous, ici, accouroient à dieu.

C'est, ici, que la prière, commencée par un vénérable pontife, circuloit d'un bout du souterrain à l'autre, et s'échappoit vers le ciel. Quel admirable concert de tous ces cœurs qui prioient ! Dans ce moment religieux, souvent les fidèles apportoient, au milieu de l'assemblée, les cadavres de leurs frères qui venoient d'éprouver le bras des bourreaux. On ne gémissoit pas ; on ne se plaignoit pas ; on ne pleuroit pas ; même les mères : on continuoit à prier.

Un soir, comme on prioit, tout-à-coup on entend un grand bruit ; on apperçoit une grande clarté : c'étoit une troupe d'impitoyables soldats, qui avoient enfin découvert le souterrain. Comme des bêtes féroces, après avoir surpris leur proie, ils entrent; ils pénètrent; on tend la gorge; ils tuent : seulement quelques femmes, et quelques enfans ont pris la fuite. Les barbares les suivent, le fer et la flamme à la main; ils égorgent; ils massacrent; ils cherchoient encore; mais le silence affreux, qu'ils viennent de faire, les saisit et les repousse. — Ils sortent, et scellent, pour jamais, ce tombeau immense, avec des rochers énormes.

Je me trompe : ces rochers sont en vain couverts et chargés de siècles ; la piété des fidèles les soupçonne, les trouve, les roule, elle entre, et recueille tous ces ossemens, toute cette poussière, tous ces corps scellés dans le roc.

Parvenu à un certain endroit, mon

guide s'arrêta ; j'en eus regret. J'aurois voulu jeter, dans la profondeur de ces ténèbres antiques et sacrées, deux ou trois rayons de la pâle lumière qui guidoit mes pas.

Je me suis assis alors sur une pierre, avec la permission de mon guide ; et lui, continuant son discours ; « je me plais souvent à venir, dans ce souterrain, essayer la nuit, la solitude, et la froideur de la mort ».

C'est sous la terre qu'il faut venir penser à tout ce qui se passe sur la terre, à tout ce que les hommes y font, ou y croient faire. Que les pas des armées qui la font trembler, que la roue des chars de triomphe qui la sillonnent, que la chûte des villes et des empires qui la couvrent, y font peu de bruit!

J'aime les lieux souterrains : là, détachée de tous ses sens, et seule avec elle, l'ame jouit alors de toute sa sensibilité; elle s'élève à une hauteur inconnue. On diroit que la route du ciel est sous la terre.

C'est-là qu'il faudroit que les gens du monde se retirassent quelquefois, pour panser les blessures, ou de l'amour, ou de l'envie, ou de l'ingratitude. L'ambition y étoufferoit.

Nous sortîmes des catacombes; et j'aurois voulu y rentrer.

LETTRE LXX.

A Rome.

L'imagination de Michel-Ange étoit véritablement romaine.

Il lui étoit impossible d'avoir des vues médiocres, quand elle regardoit; comme il est impossible à un géant, quand il marche, de faire de petits pas. Elle enfantoit à la fois, dans les trois grands arts, la basilique de saint Pierre, le tableau du jugement dernier, et la statue de Moïse.

Moïse est assis, tenant les tables de la loi sous un bras; l'autre repose majestueusement sur une poitrine de prophète

Quel regard!

Ce front auguste semble n'être qu'un

voile transparent, qui couvre à peine un esprit immense.

On est étonné des flots ondoyans de sa barbe, qui descendent, ou plutôt qui coulent jusqu'à sa ceinture et l'inondent: mais le premier regard ne saisit que Moïse.

Cette barbe n'est pas dans la nature; je le veux : mais elle est dans le beau idéal.

La bouche est remplie d'expression; la pensée y attend la parole.

Homère, Bossuet, Michel-Ange, semblent avoir eu successivement la même imagination. — Est-elle éteinte ?

LETTRE LXXI.

A Rome.

La *villa Adriana* est un espace d'environ dix milles, au pied des montagnes de Tivoli, où l'empereur Adrien, après avoir voyagé, pendant six ans, dans les différens royaumes de l'empire romain, c'est-à-dire, dans l'univers, avoit fait imiter tous les monumens dont la magnificence ou la gloire avoient frappé ses regards. On y rencontroit, pendant le cours d'une longue promenade, ici le lycée; là l'académie; plus loin le Prytanée; dans une plaine, le portique; sur le penchant d'un côteau, le temple de Thessalie; au milieu d'un bois, le pécile d'Athènes; des bains, des bibliothèques, des naumachies, et des théâtres. Là, étoient les champs élysées ; là, étoient aussi les enfers.

Le palais de l'empereur regnoit, au milieu de tous ces monumens, orné de tout ce que l'architecture pouvoit faire, alors, pour la demeure du maître du monde.

C'est-là qu'Adrien passa sept années entières, jouissant de lui, de la nature, et des arts; se consolant avec eux des soins de l'empire; et, de temps en temps, déchargeant la tête d'un philosophe de la couronne de l'univers.

Il réduisoit à ces sept années, par un calcul philosophique, le temps qu'il avoit vécu.

Jamais la pensée, la puissance et la volonté romaines n'ont rien exécuté d'aussi grand, que *la villa Adriana*; c'étoit comme un choix des siècles, des arts, et du globe.

Figurez-vous le moment où, dans

cet espace de dix milles, Adrien, environné des artistes, des philosophes et des poëtes, disoit à tous les beaux arts : faites-moi, ici, le lycée ; là, le portique ; là, le temple de Canope ; je veux, dans ce vallon, les champs élisées : prenez de l'or, un an, et cinquante mille de mes esclaves !

Mais quel moment aussi que celui où la barbarie y entra, et commença, avec le temps, à ravager ! — J'y ai trouvé encore le temps.

Comment rendre l'impression que je reçus, au premier aspect de ce lieu ; lorsqu'un malheureux paysan m'ouvrit la porte de bois, à moitié pourrie, qui en garde aujourd'hui l'enceinte.

Je m'avançai, pendant trois heures, le cœur serré de tristesse, seul, a travers les herbes, les ronces, les tronçons de colonnes, et les débris de murailles ;

je perçai cette solitude profonde, d'un bout à l'autre.

Quoi! Caracalla, les Italiens et le temps, n'ont épargné, ni le lycée, ni le portique, ni l'académie! ils en ont effacé la trace!

Je me mis à parcourir les restes, qu'on pouvoit reconnoître encore. Je me hâtois de les considérer, comme s'ils eussent dû ne plus subsister le lendemain; comme si, pendant la nuit, eût dû revenir Caracalla. Quelle joie, lorsque mes regards parvenoient à conquérir, au milieu des broussailles, sous les bras d'un figuier ou d'un lierre, les fragmens de quelque colonne!

J'allois; j'errois; je m'arrêtois; j'errois encore; je ne me lassois pas de contempler ces ruines, de couleur violette, répandues, sous un ciel d'azur, sur des gazons d'un vert tendre.

Je voulus aussi visiter les cent chambres, où les gardes prétoriennes étoient logées. Sous la voûte d'une de ces chambres, un figuier, croissant dans la pouzzolane, a pénétré; il étendoit, au milieu, une de ses branches, sur laquelle des rayons du soleil, s'insinuant à travers le mur, venoient assidûment mûrir ses fruits. J'entendis bourdonner à l'entour quelques abeilles.

Il commençoit à être tard; le soleil alloit se coucher. En m'enfonçant dans la bruyère, j'ai rencontré, près d'un temple de Jupiter, qui, de moment en moment, tombe, une ménagerie.

Là, je me suis reposé sous un pin, tandis que, vis-à-vis, sur une loge où jadis rugissoit un lion, un rossignol chantoit. Sa voix sembloit accompagnée d'un ruisseau qui fuyoit, en murmurant, sous la verdure.

J'écoutois alternativement le ruisseau, le rossignol et le silence : — j'étois charmé !

Mais enfin la nuit entra dans le désert, et me chassa.

LETTRE LXXII.

A Rome.

Je ne peux mieux rendre compte du Läocöon *du Belvédère*, qu'en rapportant ma conversation, sur cet admirable groupe, avec un jeune dessinateur.

J'étois occupé, depuis près d'une heure, à en étudier tour-à-tour, et à en goûter les beautés.

Comment, me disois-je à moi-même, M. de*** a-t-il pu écrire que la mort de Läocöon est représentée sur ce marbre, comme dans les vers de Virgile? M. de*** n'a pas lu les vers de Virgile, ou il n'a pas vu ce marbre. Dans Virgile, l'action est successive : ici, elle est simultanée. Dans Virgile, les serpens ont déjà déchiré les deux enfans, quand leur père vole à leur secours; ici les enfans et le père sont attaqués à la fois. Läocöon pousse, dans les vers de Virgile, des cris effroyables, et sur ce marbre, il se tait. Enfin, Virgile se borne à exprimer la douleur physique ; Agasias (1) a rendu la douleur morale. Il a fait plus : il a peint, au milieu de ces deux douleurs, le courage qui combat contre elles, et les réprime l'une et l'autre. Certainement de ces deux auteurs, l'artiste, c'est Virgile ; et le poëte, Agasias. Le premier a fait un récit, mais le second, un poëme. Virgile a eu principalement pour but d'émouvoir; Agasias a voulu plaire. Agasias a vaincu Virgile.

J'achevois dans mon esprit ce parallèle, je pensois à l'utilité, dont pourroit être son développement, pour l'instruc-

---

(1) Nom supposé.

tion des jeunes gens ; combien il prêteroit à mettre, dans tout son jour, la différence qui existe, dans tous les beaux arts, entre la méchanique qui traduit, et le génie qui compose ; dans ce moment mes regards tombèrent sur un jeune homme, qui dessinoit, à côté de moi, Laocôon.

Je trouvois son dessin pitoyable, et je me taisois.

Qu'en pensez-vous, me dit, en italien, le jeune artiste ?

Mais, lui répondis-je, vous êtes loin encore de l'original.

Je pense comme vous, m'a-t-il dit; je ne suis nullement satisfait. Voilà la dixième fois que je copie ce groupe, et je ne passe jamais l'ensemble : cependant, je copie, à ce que je crois, avec la plus grande fidélité.

Si vous aviez copié, lui dis-je, avec

la plus grande fidélité, votre dessin réfléchiroit votre modèle, aussi fidélement qu'un miroir ; mais il s'en faut assurément que votre traduction soit littérale. Elle est remplie d'omissions graves, et de contre-sens manifestes. On ne peut vous reprocher, il est vrai, que votre traduction ne soit pas littérale ; elle ne sauroit l'être en effet. Vous ne pouvez, dans un espace si étroit, rassembler toutes les parties de votre modèle, même en petit. Il en est un grand nombre, qui ne sont que des points, et qu'on ne sauroit abréger : vous êtes donc obligé de choisir entre elles et de supposer le reste : mais vous avez fait un mauvais choix, et vous avez mal supposé. Vous avez choisi les détails qui peignent le corps, et rejetté ceux qui peignent l'ame. Ce que je vois sous votre crayon, c'est uniquement le corps d'un vieillard, hideux de vieillesse et de souffrance : sous le ciseau d'Agasias, c'est sur-tout le cœur tendre d'un père, et l'ame forte d'un sage. Aussi le Lâocôon d'Agasias m'inspire-t-il une admiration sensible, qui m'attache à sa douleur, tandis que le vôtre, au contraire, me révolte et me repousse.

Mais, me répondit le jeune artiste, l'effet que je produis n'est-il pas plus naturel ?

Sans doute, l'effet que vous produisez est bien plus naturel ; mais l'objet des beaux arts n'est pas simplement d'imiter la nature, mais d'imiter la belle nature ; non pas seulement d'affecter la sensibilité, mais de l'affecter en bien. L'artiste médiocre ne sait pas choisir. Il prendra précisément, dans un sujet qui révolte, le côté le plus révoltant.

Expliquez-moi donc, m'a dit le jeune

homme, en quoi consiste le génie et l'intelligence qui vous frappent dans le choix de l'attitude, préférée, ici, par l'artiste.

Jeune homme, Agasias a été chargé de représenter, sur le marbre, le malheur de Laocöon. Il s'est dit, sans doute, à lui-même : si je choisis l'aspect sous lequel il frappe d'abord, il fera certainement horreur; et d'autant plus, qu'il sera mieux exécuté. Ces deux enfans et ce vieillard déchirés par deux serpens! Qui pourra soutenir un pareil spectacle? Il faut pourtant, non-seulement qu'on supporte celui que je veux offrir, mais encore qu'on le recherche. Il rêve, médite, descend dans son cœur; il interroge tour-à-tour la sensibilité et la raison. « Le secret est trouvé, s'écria-
« t-il, il faut faire disparoître l'horreur
« de l'action principale, sous l'intérêt

« des accessoires. Ainsi je livrerai bien
« le corps du vieillard à la morsure du
« serpent : mais ce corps du moins
« sera parfait ; et sous les années, les
« morsures et les souffrances, on verra
« briller par intervalle une beauté ma-
« jestueuse. Ainsi, j'exprimerai bien
« encore, sur tout le corps de Laocoon,
« la douleur physique qu'il éprouve ;
« mais comme elle révolteroit, si elle
« paroissoit toute entière, j'en retien-
« drai dans l'ame une partie : je mêlerai
« ensuite ce que je laisserai paroître,
« avec la douleur d'un père. Mais, ces
« deux enfans m'embarrassent. Les mon-
« trerai-je déchirés tous les deux par les
« serpens ? quelle monotonie dégoû-
« tante ! et je dépasserai la pitié. Non,
« il faut montrer ces deux enfans ac-
« courans, à la fois, à leur père, par deux
« côtés différens ; les serpens les saisiront

« tous les deux, avant qu'ils soient
« arrivés : mais un seul sera leur victime,
« et ce sera le plus jeune ; la victime
« sera plus touchante. L'autre sera sim-
« plement enlacé dans les nœuds de
« l'affreux reptile ; et son sacrifice sera
« différé. Je tâcherai que ces deux épi-
« sodes soient extrêmement attendris-
« sans, afin d'éteindre, dans la pitié
« que ces enfans inspireront, un peu
« plus encore de l'horreur que doit ins-
« pirer le père ; je tâcherai, en un mot,
« que la pitié soit l'effet dominant du
« tableau ».

Regardez maintenant, dis-je au jeune homme, comme Agasias a bien exécuté un plan si sublime, et si raisonnable.

Oui, dit le jeune homme : on voit le travail de tous les muscles tourmentés par la douleur.

Eh ! il est bien question du travail

des muscles, lui répondis-je ! Vous ne voyez presque jamais, vous autres artistes, que l'exécution méchanique. Vous n'admirez presque jamais que ce que la main a fait : ce qu'a fait le génie, vous échappe. Louez, j'y consens, l'exécution méchanique ; mais à sa place, c'est-à-dire, après tout le reste. Qu'importeroit, en effet, pour l'impression générale, que l'artiste eût négligé de faire souffrir quelques veines ; eût mal rendu quelques chairs ? Que son ouvrage seroit médiocre, s'il laissoit l'œil d'un homme sensible, libre si-tôt de quitter l'ensemble, et d'errer dans les détails ! Que son ouvrage seroit médiocre, si l'ame se ressouvenoit si promptement que les personnages sont de marbre, et que le ciseau les a faits ! Malheur à l'artiste qui montre son talent, avant son œuvre. Son œuvre, pour toucher à la perfection, doit être tel, que, d'abord, le sentiment puisse en éprouver tout l'effet, et la réflexion, ensuite, en découvrir tout le mérite.

Pour moi, ce qui me saisit, à la vue de Lâocöon, c'est d'abord le cœur malheureux d'un père ; c'est l'ame vigoureuse d'un sage ; c'est la destinée déplorable d'un vieillard ; c'est enfin (car c'est la dernière chose qui se montre) l'horrible souffrance d'un homme : c'est à la fois tout cela. Admirable mélange! qui attache tous mes regards à un spectacle, qui, présenté autrement, n'en eût jamais laissé approcher un seul.

Lorsqu'ensuite ma réflexion cherche le mérite de l'artiste; quelle intelligence, quelle raison, quelles connoissances, quel génie, en un mot, je saisis partout!

Agasias vouloit montrer la douleur,

la tendresse et le courage, luttant ensemble, sur le corps de Läocöon. Eh bien! il choisit une attitude qui ouvre à ces trois athlètes, qui leur déploie, qui leur livre absolument tout ce corps; et cette attitude extraordinaire, comme l'artiste l'a motivée! D'abord il fait attaquer Läocöon, dans le flanc, de sorte que tout le tronc est contraint de saillir, pour fuir à la dent qui s'acharne; ensuite il dispose un pli du serpent, au-dessus des épaules du héros; de sorte que le héros est obligé, pour tâcher de rompre ce pli, de déployer les deux bras, et de tendre en avant la tête.

Cependant les convulsions de la douleur dérangeront cette attitude : l'artiste imagine de la fixer, en liant toute la partie inférieure du corps, des nœuds redoublés du reptile.

Voyez maintenant ce combat entre le courage et la douleur.

Le cri de la douleur est prêt de forcer ces lèvres entr'ouvertes ! Mais le courage les referme. Elles ne le laisseront point passer. Toute la surface de ce corps, en proie à la souffrance, ressemble à la surface d'une mer agitée, qui bouillonne. Remarquez-vous, parmi ces regards plaintifs de la douleur, les regards de la tendresse paternelle, qui se plaignent bien davantage.

Agasias a bien su encore intéresser à la mort du plus jeune des deux enfans ! Il couroit se réfugier dans le sein de son père ; un serpent s'élance, l'atteint, et, dans un nœud dont il lie ses jambes, le soulève et l'arrête en l'air ; tandis que, d'un autre nœud, il roidit un de ses faibles bras. Enfin, le serpent, du poids d'un seul de ses anneaux, qui glisse sur le sein de l'enfant, le presse, le plie, l'étouffe ; l'enfant expire, en regardant son père. Regard touchant ! Mourir si jeune ! mourir ainsi ! Ce corps si délicat et si tendre, étouffé par un serpent ! mais du moins il a peu souffert.

La tragédie n'est pas finie. Le sort de l'aîné n'est pas décidé. Comment aucun homme, aucun dieu ne viendra dénouer, autour des jambes de cet enfant, ces abominables reptiles ! En vain il regarde son père ; en vain ses mains essaient de rompre ces nœuds. Ses mains, hélas ! sont trop foibles ; mais peut-être les serpens seront-ils rassasiés, quand ils auront dévoré Laocoon, et sucé la vie du jeune frère. L'infortuné ! Quelle attente ! Le sublime artiste qu'Agasias ! Il me fait penser tout cela.

Avec quel génie, encore une fois, Agasias a su faire, d'un événement si horrible, une scène si attendrissante ! Il a tellement occupé mon cœur, par l'image d'incidens qui touchent; mon esprit, par le spectacle d'objets qui font penser; mes yeux, par la vue de tant de beautés, ou délicates, ou sublimes, qu'à peine ai-je apperçu les serpens.

A mesure que je parlois ainsi, que mon enthousiasme s'exhaloit, je voyois le jeune artiste s'animer.

Bon, me suis-je écrié ! prenez vîte votre crayon, vous commencez à sentir.

Le sang-froid, ajoutai-je, n'a jamais imité que ce qu'a fait le sang-froid, c'est-à-dire, des choses froides. Artistes, qui n'avez que des yeux, copiez de la matière et des cadavres : il n'appartient qu'aux imaginations sensibles, de copier la vie, le mouvement et la passion.

Mais je ne conçois pas, me dit le jeune peintre, comment il est nécessaire, pour bien copier, d'avoir du génie, du sentiment, de l'enthousiasme : il me semble que des yeux suffisent ; il me semble même qu'une certaine émotion pourroit m'empêcher de bien voir.

Mon ami, il suffit des yeux du corps pour voir et copier ce que les yeux du corps ont vu : mais ce n'est qu'avec l'œil du génie que l'on apperçoit et que l'on copie ce que l'œil du génie a découvert. Ce n'est que dans l'émotion du même sentiment, qui a inspiré tels ou tels traits, qu'on pourra reconnoître ces traits. Les traits caractéristiques de l'ame ne sont visibles qu'à l'ame.

Comment voulez-vous qu'un artiste,

qui ne sera jamais entré dans le dessein d'Agasias, qui n'aura pas saisi que son projet, par exemple, a été, *dans le jeu de ce muscle*, d'exprimer à la fois, la force de la douleur qui l'irrite et le pousse, et l'effort du courage qui le combat et le retient, puisse concevoir ce mouvement composé ; et s'il ne le conçoit pas, comment le rendra-t-il ? Il omettra précisément le trait décisif ; il croira même se rapprocher davantage de l'exactitude anatomique, en l'omettant : il sera près de placer un défaut, où l'artiste a placé une beauté.

Jeunes artistes, copiez beaucoup, mais imitez davantage. Ne sentez-vous pas que, pendant que votre main seule travaille, votre génie dort. Vous perdez le moment de contracter l'heureuse habitude de l'enthousiasme ; vous désespérez de vous.

Vous copiez des chefs-d'œuvres, dites-vous. Non : vous copiez, dans des chefs-d'œuvres, précisément ce qui n'en est pas. Copieriez-vous si long-temps ?

Au reste, savez-vous ce que vous devez copier ? Les élémens du beau. Quand vous vous en serez une fois rendu maître, vous pourrez en former, ensuite, à votre gré, des combinaisons qui seront originales, et vous seront vraiment propres. Copiez le nud, sous toutes les formes, sous tous les aspects ; copiez la nature tranquille du marbre, et de la toile antique ; à la bonne heure : et puis, quand vous voudrez passionner vos personnages, au lieu d'emprunter à d'autres tableaux des affections analogues, composez-les vous-même ; composez-les, pour le lieu, pour le temps, pour l'action; tout visage de passion empruntée ne peut être jamais qu'un masque. Voilà pourquoi, dans presque tous les tableaux d'histoire, les personnages sont si outrés et si froids ; ce ne sont que de mauvais comédiens.

Le travail de copier, je le crois bien, est séduisant : il promet au jeune élève qu'il atteindra son modèle, et il ne lui demande, en retour, que du temps, de la patience, du crayon et de la couleur; il dispense de toute étude.

Vous avez rencontré juste, me dit le jeune homme : voilà bien ce que nous pensons tous, en nous mettant à copier.

Mais comment donc apprendrai-je à devenir un grand peintre ?

Mon ami, en devenant d'abord un poëte, un historien, un physicien, un philosophe ; car, pour le méchanisme de l'art, qui est la dernière partie de l'art, elle doit occuper aussi la dernière. Sans les autres, elle est inutile. Quand on ne sait ni penser, ni raisonner, ni sentir, à quoi sert de savoir parler? A la vérité, les trois quarts des artistes ne veulent que parler : ils ne travaillent, les malheureux, que pour des organes. Vous, si vous voulez travailler pour l'esprit et pour le cœur, prenez une autre route. Commencez par cultiver et votre cœur et votre esprit : sentez (1).

Ce qui a perdu les arts, c'est de les avoir traités comme des métiers, de les avoir fait embrasser aux jeunes gens, comme des professions méchaniques.

Les artistes s'étonnent et se plaignent du peu de goût des hommes éclairés,

―――――――――――――――――――

(1) Le conseil, que je donne ici, est bien justifié par les Greuze, les Vernet, les Houdon, les David, les Lebrun, &c.

pour les productions des beaux arts ; mais pourquoi, artistes, n'imitez-vous que des objets qui sont de trop dans la nature, ou qui y sont constamment. Offrez-nous une nature qui soit nouvelle, et sur-tout qui soit choisie. Montrez-nous les trois fils du vieil Horace, jurant à l'envi, à la voix de leur père, la ruine d'Albe et le salut de Rome. Montrez-nous Socrate enchaîné dans sa prison et la coupe fatale à la main, conversant avec ses disciples, comme assis à un banquet et le front couronné de fleurs. Ou bien, rival heureux du Corège, faites-nous voir encore l'amour, qui, éternellement plaira, sur-tout si vous le représentez sous les traits du jeune Lubormiski, armé, non de son flambeau, ni de son arc, mais seulement de sa nudité, et offrant une couronne de laurier et de myrthe.... sans doute à l'artiste, dont le pinceau l'a fait naître (1).

Mais chacun veut avoir pour soi la foule, et la foule se contente aisément. Le goût du vulgaire finit, où celui des connoisseurs commence. Le vulgaire quitte l'œuvre de l'art, quand les couleurs disparoissent, et que les pensées se montrent : espèce d'idolâtres, pour qui l'image est le dieu.

Dès que j'eus cessé de parler, le jeune dessinateur me remercia, et me dit, avec une ingénuité touchante : il est trop tard, je suis trop avancé, trop pressé sur-tout par le besoin, pour passer de la route que j'ai prise, dans

---

(1) Tout ce paragraphe a été ajouté, comme on le voit, depuis le retour de l'auteur.

Ce tableau de l'amour, par Madame Lebrun, dans lequel elle s'est surpassée elle-même, l'approche du Titien, pour la vérité, et du Corège, pour la grace.

celle que vous m'indiquez. Il soupira, et me demanda mon nom.

Je ne vous le dirai pas, lui répondis-je; mais Homère, Virgile, et plus encore l'amour de la gloire, voilà ce qu'il est important pour vous de connoître.

Oui, sans l'amour de la gloire, on ne fait jamais rien de grand : car on ne fait jamais d'effort.

Alexandre ne renversoit, dans l'Asie, les royaumes, qu'afin que le bruit de leur chûte retentit sur la place publique d'Athènes.

LETTRE LXXIII.

A Rome.

J'ai vu le colisée.

En passant sous l'arc de Titus, pour y arriver, je me suis arrêté un moment. Je me suis plu à considérer la pompe du triomphe, les dépouilles des Juifs, les esclaves qui traînent le char, la douce majesté du conquérant, cette foule de Romains heureux de lui, qui le contemplent, enfin, mille empreintes du ciseau grec, plus belles les unes que les autres, et qui vivent encore sur le marbre.

J'aimois sur-tout à contempler un monument érigé par Trajan à Titus.

En quittant l'arc de Titus, on découvre, à droite, l'arc de Constantin, à gauche, le colisée, au milieu, la fameuse *Méta Sudans*.

Cet arc, qui fut érigé pour attester la premiére victoire de Constantin contre Maxence, n'atteste plus, aujourd'hui, que la décadence des arts, sous Constantin.

On fut réduit, pour le parer, à dépouiller un arc de Trajan de ses bas-reliefs ; quel attentat !

Je quittai bientôt cet arc. Je jettai, en passant, un coup d'œil sur les restes de cette *Meta Sudans*, qui n'arrête plus personne par la fraîcheur et le murmure de ces eaux abondantes, qu'elle répandoit autrefois. Je m'avançai enfin vers le colisée.

Le colisée est sans contredit le monument le plus admirable de la puissance romaine, sous les Césars.

A cette enceinte qu'il embrasse, à

cette multitude de pierres qui le compose, à cette réunion de colonnes, de tous les ordres, qui s'élèvent les unes sur les autres, circulairement, pour soutenir trois rangs de portiques, à toutes les dimensions en un mot de ce prodigieux édifice, vous reconnoissez tout de suite l'œuvre d'un peuple souverain de l'univers, et esclave d'un empereur.

J'errai pendant long-temps autour du colisée, sans oser, pour ainsi dire, y entrer : mes regards l'embrassoient avec admiration et respect.

Il n'y a tout au plus que la moitié de ce vaste édifice, qui soit debout ; cependant l'imagination peut encore en relever le reste, et voir le monument en entier.

J'entrai enfin dans l'enceinte.

Quel coup d'œil ! quels tableaux ! quels contrastes ! quel étalage de ruines, et de toutes les portions du monument, et sous toutes les formes, et de chaque siècle, et de toutes les années, pour ainsi dire, portant, les unes, l'empreinte de la main du temps, les autres, l'empreinte de la main du barbare, celles-ci écroulées hier, celles-là il y a peu de jours, un grand nombre qui vont tomber, et quelques-unes enfin, qui, de moment en moment, tombent : ici c'est un portique qui chancèle, là, un entablement, plus loin, un gradin : et cependant, à travers tous ces débris, les lierres, les ronces, la mousse, les plantes, les arbustes rampent, ils s'avancent, ils s'insinuent, ils prennent pied dans le ciment; et incessamment ils détachent, séparent, pulvérisent ces masses énormes que des siècles avoient formées, et qu'avoient unies ensemble la volonté d'un empereur, et les bras de cent mille esclaves.

C'étoit donc-là où combattoient, dans les jours des fêtes romaines, pour hâter un peu plus le sang dans les veines de cent mille oisifs, les gladiateurs, les martyrs et les esclaves.

Je croyois entendre encore les rugissemens des lions, les soupirs des mourans, la voix des bourreaux, et, ce qui épouvantoit le plus mon oreille, les applaudissemens des romains.

Je croyois les entendre, ces applaudissemens, pressant, encourageant, exigeant le carnage, ceux des hommes demandant aux combattans toujours plus de sang ; ceux des femmes, aux mourans toujours plus de grace.

Il me sembloit voir une de ces femmes, belle, jeune, quand un gladiateur étoit tombé, se lever alors sur la pointe du pied, et, d'un œil qui venoit de caresser un amant, accueillir ou repousser, quéreller ou applaudir le dernier soupir du vaincu, comme si elle l'eût acheté.

Que l'ennui romain étoit féroce! On ne pouvoit l'amuser qu'avec du sang.

Cette pensée de la conquête de l'univers avoit exalté tellement la sensibilité romaine, qu'elle l'avoit jettée hors des limites de la nature, et de celles de l'humanité : de sorte qu'à la fin elle ne pouvoit plus trouver d'émotions assez puissantes, que dans des conquêtes de royaumes, des combats de gladiateurs et de lions, des statues colossales et d'or, des règnes de Néron et de Caligula.

Mais, quel changement dans cette arêne! Au milieu s'élève une croix, et tout autour de la croix, à d'égales distances, s'appuient sur les loges où l'on renfermoit les bêtes féroces, quatorze autels, consacrés à différens saints.

C'est là que, presque tous les jours,

des moines débitent des sermons, et tiennent des confrairies.

Le colisée de jour en jour dépérissoit; on enlevoit les pierres; on le dégradoit, on le souilloit : Benoît XIV imagina de sauver le colisée, en le consacrant; il le fortifia d'autels, et le couvrit d'indulgences.

Ces murs, ces colonnes, ces portiques ne s'appuient plus que sur les noms de ces mêmes martyrs, dont le sang a réjailli sur eux.

Je me suis promené dans toutes les parties du colisée; j'ai monté à tous les étages; je me suis assis dans la loge des empéreurs.

J'aurai long-temps dans mon ame le silence et la solitude que j'ai rencontrés, dans ces corridors, le long de ces gradins, sous les voûtes de ces portiques.

Je m'arrêtois de temps en temps pour écouter le bruit qu'y faisoient mes pas.

J'aimois aussi à écouter, je ne sais quel bruissement sourd, plus sensible à l'ame qu'à l'oreille, occasionné par la main du temps, qui mine, dans le colisée, de tous les côtés.

Quel plaisir encore j'éprouvois, en considérant le jour qui se retiroit peu-à-peu de cette vaste enceinte, en voyant la nuit se glisser par les arcades, et y répandre ses ombres !

A travers ces dernières lueurs du jour, et ces premières ombres du soir, mêlées ensemble, tout-à-coup j'ai vu passer une jeune femme. Elle étoit belle ! elle étoit vêtue avec grace ! Ses cheveux et ses vêtemens étoient mollement agités par un vent frais. Elle tenoit d'une main, sur son sein, un jeune enfant, de l'autre main, un faisceau de roses, sur sa tête, un panier de fraises. Le colisée disparut.

Remis de ce léger trouble, je descendis dans l'arène. Mes regards disputèrent long-temps encore aux ombres du soir ces débris si pittoresques. Ils s'arrêtèrent sur cette pierre isolée, qui domine le plus dans les airs, et sur laquelle le dernier rayon du soleil mouroit.

Mais enfin il fallut sortir, riche toutefois de mille idées, de mille sensations, qu'on ne peut recueillir que parmi ces ruines, et que ces ruines en quelque sorte produisent.

LETTRE LXXIV.

A Rome.

Madame *** m'a proposé de me mener aujourd'hui à Tivoli.

Nous sommes arrivés de bonne heure.

Tandis que Madame ***, et le reste de la société étoient occupés à voir la grande cascade, la grotte de Neptune, la maison de Mécènes, j'ai couru aux *cascatelles*.

J'ai revu ce lieu charmant, comme on revoit un objet aimé, qu'on croyoit ne plus revoir.

Après avoir tout visité de nouveau; après avoir erré par-tout, j'ai dit : la soirée est belle; il est encore de bonne heure; je suis seul; offrons, ici, un sacrifice aux mânes de Délie et de Cinthie;

traduisons quelques-uns des vers de Properce et de Tibulle, dans le lieu même, où sans doute ils ont été faits : ce lieu m'inspirera peut-être.

J'ai fondu plusieurs élégies en une, et, au lieu de copier, j'ai imité. Voici d'abord une élégie de Properce.

Mais commençons par demander pardon à MM. les chevaliers *Bertin* et *Parny*, les *Properce* et les *Tibulle* de la France.

Poëtes charmans, j'ai osé cueillir des fleurs dans vos jardins, malheureusement après vous !

A CINTHIE.

Cinthie étoit à Rome, et Properce à Tivoli : on étoit au commencement du printemps.

Peut-on être sensible, et rester à la ville ?
Des amours, aujourd'hui, la campagne est l'asyle ;

Aujourd'hui, Junon même abandonne les cieux;
Et les vœux des mortels n'y trouvent plus les Dieux.
L'Amour s'est fait berger; Vénus s'est fait bergère :
En tous lieux, aujourd'hui l'on croit être à Cythère.
Salut, ô doux printemps! hommage à ton retour.

Oh! comme dans les bois, dans les champs d'alentour,
Comme, dans nos vallons, rit la nature heureuse!
Le ciel semble amoureux de la terre amoureuse.
L'aquilon cependant n'a point quitté les airs :
L'Amour frissonne encor dans nos bois déjà verts :
Caché dans ses boutons, le jasmin, cher à Flore,
Doute encor du printemps, et n'ose point éclore;
Mais, parois, ma Cinthie, et tout va refleurir.

Dis-moi, loin de Tibur, qui te peut retenir?
Seroit-ce ta santé, qui languit, qui chancèle?
Vas! c'est en l'aimant bien qu'on guérit une belle.
Fuis donc les bords du Tibre, et viens incessamment,
Recouvrer la santé dans les bras d'un amant.

Que dis-je ! ô de l'amour illusion puissante !
Rien ne m'est si présent, que ma Cinthie absente.
Tous mes sens sont émus; je l'entends, je la vois :
Oui, c'est-là son souris, le doux son de sa voix.

Que ma Cinthie est belle! elle seroit, sans peine,
Des amours, à son choix, ou la sœur ou la reine.

Dryade, au fond des bois; Naïade, au bord des eaux;
Une nymphe bergère, au milieu des troupeaux.

Tout, dans Cinthie, est grace, et rien n'est imposture.
Elle n'est point parée, et c'est-là sa parure.

Quand Cinthie, au matin (j'en atteste l'amour),
Entrouvre ses beaux yeux, aussi purs que le jour,
C'est l'aurore — ou la rose : on croit la voir éclore.

Non, mortels, c'est Cinthie, et ce n'est point l'aurore :
C'est l'objet enchanteur qui me tient enflammé;
Si vous ne l'aimez point, vous n'avez point aimé.
Voulez-vous embaumer cet air que je respire?
Laissez-là vos parfums, faites qu'elle y soupire.
Voulez-vous m'émouvoir? priez-la de parler.
Elle marche !.... tremblez.... elle peut s'envoler.....
Quoi! vous peignez Cinthie? êtes-vous donc Apelle!
Quoi, sans être Phœbus, vous chantez cette belle!
Viens, ma belle maîtresse; oui, viens : ne tarde plus
A rendre à mes baisers tes appas attendus.

Aimons-nous, aimons bien; qu'aimer nous soit la vie;
Sans cesse resserons le doux nœud qui nous lie,
Et Puissions-nous enfin, à notre dernier jour,
Tous les deux à la fois, ne mourir que d'amour !

Trouvez-vous, dans ces vers, quelque

trace de cette imagination ingénieusement amoureuse, qui caractérisoit Properce? car on aime avec son cœur, avec son esprit, avec son imagination, comme avec ses sens. Et c'est ce qui fait qu'on peut aimer, également bien, de tant de manières différentes.

LETTRE LXXV.

A Tivoli.

Voici maintenant une imitation de Tibulle : ce sont des conseils aux amans.

Je veux en faire hommage aux mânes du président Bouhier, qui a fait un traité sur la coutume de Bourgogne et une traduction de Catulle.

CONSEILS AUX AMANS.

Venez tendres amans qui trouvez des cruelles ;
Vénus m'a révélé comment on plaît aux belles.
  Venez. La complaisance ouvre un cœur à l'amour:
Qui toujours cherche à plaire est sûr de plaire un jour.
Que l'ingrate à tes vœux se montre inexorable,
Que son cœur soit armé d'un bronze impénétrable,
(Jamais un tendre amant ne se découragea ;)
Amuse, flatte, amuse... Eh bien, vois-tu déjà
Comme, insensiblement à tes vœux plus facile,
Elle-même à ton joug présente un cou docile.

Le temps peut tout : Le tigre à la fin obéit :
L'eau parvient à creuser le roc qu'elle amollit.
Tu te plains qu'on diffère ; attends : le lys superbe,
Pour briller quelques jours, se cache un an sous l'herbe.
Il faut, sur cette plaine, où jaunira le blé,
Que d'un an révolu tout le cercle ait roulé.

Tu le sais, ô jeune homme ! un cœur tendre est crédule.
Jures donc hardiment ; jures donc sans scrupule :
Tu peux même attester, sans les blesser jamais,
Pallas par ses cheveux, Apollon par ses traits.
Jupiter annulla, par un bienfait suprême,
Tout serment, qu'à l'amour arracha l'amour-même.

Il est d'heureux momens, des momens où le cœur
Est ouvert, sans défense, et n'attend qu'un vainqueur.
Mais il faut les saisir, il faut qu'on les épie ;
L'occasion est nue, et veut être ravie.

Ah ! comme des beaux jours le vol est prompt ! hélas !
On n'en vit jamais un revenir sur ses pas !
Destin tout-à-la-fois et sévère et bisarre !
Hérissé de frimats, armé d'un sceptre avare,
L'hiver, cinq mois entiers, règne en paix dans nos champs ;
Et son jeune héritier, l'aimable et doux printemps,
Revient, en fugitif, visiter son domaine,
Où son peuple de fleurs ne l'entrevoit qu'à peine !

Jouis donc, ô jeune homme ! hâte-toi. Ce coursier,
Qui, dans nos derniers jeux, s'élança le premier,
Il languit. Tu connois le frère de Délie ;
Il négligeoit l'amour, le traitoit de folie.
Il rioit ; l'âge vint ; je le vis ; il pleuroit.
Mais inutiles pleurs, inutile regrêt !
Hélas ! le serpent seul peut tromper la vieillesse ;
Seul dépouiller les ans, et garder la jeunesse.

Quoique Iris ait déjà, dans les airs orageux,
De ses riches couleurs peint la moitié des cieux ;
Et qu'au penchant des monts, dans le milieu des plaines,
La soif de Syrius ait tari les fontaines ;
Si ta Chloé, pourtant, veut hasarder soudain
Un voyage peu sûr en un climat lointain ;
Pars. Ou veut-elle errer sur la mer infidelle ?
Prends la rame et fends l'onde, et fais voile avec elle.
Veut-elle, au bord des eaux, séduire le poisson ?
Va déployer la ligne et jetter l'hameçon ;
Enfin veut-elle, un soir, dans la plaine fleurie,
Vaincre, d'un pied léger, ton pied qu'elle défie ?
Accepte : elle s'élance ; et toi, vole : soudain,
Que ton pas ralenti lui cède le chemin ;
Et vainqueur en effet, prête-lui ta victoire.
Alors, mets à profit l'ivresse de sa gloire.

Heureusement vaincu, tu peux alors ôser;
Tu peux impunément cueillir plus d'un baiser,
Qu'elle défend d'abord, et puis qu'elle abandonne.
Oui, d'abord tu les prends; ensuite, on te les donne;
Après, on te les offre; et la coquette enfin
Les ravit sur ta bouche, en dépit de ta main.

Il est d'autres secrets, un art plus sûr encore,
Mais que n'apprend Vénus qu'à l'amant qui l'implore.
Sois simple, sois modeste : on est toujours ému
D'une rougeur candide, et d'un rire ingénu.
Sache encore avec grace et parler et te taire;
Avec timidité te montrer téméraire.
Oh! puisse, dans tes yeux, une larme rouler,
Qui brillera d'amour et n'ôsera couler!
Enfin, que te dirai-je? Une aimable tristesse,
Un regard attendri qui conjure et caresse,
Un soupir, un silence est souvent écouté :
C'est un rien; mais un rien peut tout sur la beauté.
Il le pouvoit jadis : mais, dans ce temps barbare,
Où l'or plaît, où l'or règne, où Vénus est avare,
On vend l'amour! ô honte! On préfère, à présent,
Un coupable artifice à mon art innocent.
Des vers, des fleurs, des soins prenoient une coquète.
On pouvoit la séduire; à présent on l'achète.

Belles, quittez Plutus, et suivez les neuf sœurs.
Et, pour leurs favoris, réservez vos faveurs.
Belles, aimez les vers, les vers immortalisent;
Vos appas, dans les vers, avec eux, s'éternisent :
Et vos noms y vivront, tant qu'Hébé, dans les cieux,
Versera l'ambroisie au monarque des dieux;
Que Vénus sourira; que la reine de l'onde
De son écharpe humide embrassera le monde.
Tout périt sans les vers. Sans cet art immortel,
Que de dieux oubliés n'auroient point eu d'autel!
Et toi-même, ô Vénus! il t'en souvient : Homère,
A ta belle ceinture attacha l'art de plaire.

Ces vers sont tirés d'une traduction en vers des élégies de Tibulle, et d'une partie de celles de Properce, par l'auteur de ces lettres. Elle n'a pas encore vu le jour.

LETTRE LXXVI.

A Rome.

Voici quelques-unes de mes remarques sur l'état écclésiastique et les habitans de Rome.

Il n'y a, à proprement parler, à Rome, que trois sortes de personnes : le pape, le clergé et le peuple.

Tout le clergé est entraîné par une attraction universelle, vers les dignités suprêmes, jusqu'à la thiare inclusivement.

Tout ce qui n'est pas clergé, reste en-deçà : princes, marquis, avocats, fermiers, artistes, marchands, domestiques, mendians ; c'est-là le peuple.

La noblesse n'a guères, à Rome, que le poids et l'éclat inhérens à l'antiquité d'origine ; elle n'y pèse point, comme ailleurs, sur le peuple, du poids accessoire et énorme de toutes les préférences pour les places, et de cette multitude inconcevable de possibilités d'opprimer.

Le clergé réunit tous les honneurs et tous les pouvoirs ; et c'est des rapports, plus ou moins intimes, avec des membres plus ou moins considérables du clergé, que découlent les importances secondaires, et les considérations subalternes.

La plus grande masse des richesses lui appartient; prix du ciel qu'il vendoit autrefois.

Sur trente-six mille maisons que l'on compte à Rome, la main-morte en possède vingt mille. En effet, depuis un grand nombre de siècles, la main-morte hérite sans cesse, et elle n'a point d'héritiers. Elle doit, à la longue, posséder tout, c'est-à-dire, tout envahir.

La richesse territoriale est peu de chose dans l'état ecclésiastique. Elle ne suffiroit sûrement pas pour nourrir ses habitans. Mais Rome a ses bulles, ses cérémonies, ses ruines ; elle a son nom, qui est la plus riche de toutes ses ruines.

Elle est hors d'état aussi d'envoyer aucune portion de ses denrées, ou de son industrie, au marché général de l'Europe ; elles les consomme : enfin, elle ne peut payer l'Europe, qu'avec de l'or, (car les indulgences n'ont plus de cours).

Ce n'est pas que, si son agriculture et son industrie étoient plus florissantes, elle ne pût connoître aussi le commerce ; mais elles sont l'une et l'autre dans l'abandon.

Voici un échantillon de la manière

dont on cultive, dans les environs de Rome, le peu de terrein soumis à la culture.

Aux époques du labour et des récoltes, des particuliers se rendent dans une place publique, auprès de Rome, avec cent, deux cents, trois cents paires de bœufs : arrivent ensuite les propriétaires, qui en louent un certain nombre, et les conduisent sur leurs possessions, souvent, à huit ou à dix milles. Alors, dans l'espace d'une seule journée, on exécute toute l'opération de la saison : en un jour, on laboure ; en un jour, on sème ; on moissonne et on récolte en un jour : ces travaux de l'agriculture ressemblent à des coups de main, qu'on va faire dans les campagnes.

Le sol cependant ne demande qu'à produire. Un peu d'art et de sueur obtiendroit toutes les productions qu'on voudroit, des sels de cette terre et des rayons de ce soleil, qui n'y font naître, aujourd'hui, que des maladies.

On évalue la population de Rome à cent soixante-dix mille ames.

On compte près de dix mille mendians ou pauvres.

La domesticité est plus nombreuse.

Le clergé séculier ou régulier peut s'évaluer à un sixième.

On estime que le célibat de profession est tel, qu'il y a plus de cinq femmes pour un homme : voilà une des mesures du libertinage à Rome.

La culture de l'esprit est, ici, comme celle de la terre, à-peu-près nulle. Aussi l'esprit n'y produit-il guères que de la jurisprudence, de la médecine, de la théologie et des sonnets.

La meilleure éducation des filles, c'est de n'en recevoir aucune.

Il y a, à Rome, dans la multitude, peu de raison, assez d'esprit, beaucoup d'imagination : les années y donnent des habitudes, et n'y donnent pas d'expérience.

Je ne remarque que ce qui domine.

LETTRE LXXVII.

A Rome.

Suite de la précédente.

L'élection, comme on sait, place la thiare sur la tête du pape.

Il n'y a point de souverain en Europe, dont les loix aient moins limité l'autorité : il dit, et on fait. Ses volontés sont tout ensemble des loix civiles, et des préceptes religieux ; chef de l'église et de l'état, ses volontés sont sanctionnées par la crainte du bourreau et du diable tout à la fois.

Mais il s'en faut bien que l'autorité du pape ait, à Rome, toute sa puissance ; elle n'en a pas la moitié.

Le pouvoir temporel se réduit à un

revenu qui est très-modique; à une poignée de milice, qui n'est qu'une ridicule représentation d'état militaire; à une bande de sbires, que l'opinion publique diffame, et qui par conséquent sont infâmes; à une ombre de police exercée par les curés; enfin, à des tribunaux très-nombreux, et par conséquent sans poids.

Ces moyens, qui composent le pouvoir temporel, déjà si foibles en eux-mêmes, sont encore affoiblis par des non-valeurs et des abus.

A l'égard de l'administration des finances, nulle intelligence dans l'application, nulle économie dans l'emploi, presque nulle comptabilité. L'administration des finances est un pillage.

Quant au pouvoir militaire; l'ombre d'une armée obéit à l'ombre d'un chef. Ni esprit militaire, ni discipline. Les sbires sont des brigands privilégiés, qui font la guerre à des brigands, qui ne sont pas privilégiés. Leur chef est obligé d'entretenir, au cardinal-vicaire, un carrosse et deux chevaux. Ce mot renferme un volume.

Les tribunaux sont composés de prélats qui, en général, ignorent les loix, et s'occupent de toute autre chose. Mais ils ont des secrétaires.

La Rotte cependant, qui est un tribunal d'appel, est respectable. Elle est obligée de motiver ses sentences, et de les publier sur le champ; mais ses décisions n'ont point de terme. On peut sans cesse revenir contr'elles. Il ne faut qu'un mot du pape : ce mot s'obtient ou s'achète.

A l'égard du pouvoir pénal, la multiplicité des asyles (il y en a dans Rome près de sept cents), l'insuffisance ou la connivence des sbires, les crédits particuliers, la nature des galères, qui sont très-douces et très-mal gardées, n'en font qu'un épouvantail.

J'ai oublié de dire que toutes les maisons, où les cardinaux ont fait poser leurs armes, mettent les créanciers à l'abri des exécutions judiciaires. Ces sortes d'asyles sont en grand nombre; quelques cardinaux en trafiquent. L'impunité, à Rome, est un revenu.

Le pouvoir de la religion a conservé un peu plus de force; mais il en a perdu beaucoup, par trois causes également puissantes, la multitude des indulgences, la facilité des absolutions, et l'habitude.

D'après cet exposé du gouvernement de Rome, il sembleroit que Rome doit, comme état politique, toucher à sa ruine, comme état social, être travaillé par mille désordres, comme état civil, être en proie à toutes les misères : chose incroyable et pourtant vraie, Rome est, peut-être, l'état politique le plus en sûreté, l'état social le plus calme, l'état civil le moins malheureux.

Mais comment expliquer ce phénomène ? Par la prépondérance de l'action des causes morales ou cachées, qui tendent à la sûreté, à la paix et au bonheur, sur l'action des causes physiques ou apparentes, qui tendent à la dissolution, au désordre et au malheur.

Je tâcherai demain d'expliquer ceci.

LETTRE LXXVIII.

A ROME.

Suite de la précédente.

L'état ecclésiastique, sans troupes, sans argent, presque sans population, sans moyens d'attaque et de défense, et au milieu d'états qui le convoitent, sembleroit devoir être toujours prêt à tomber sous la conquête.

Mais voyez comme, à l'envi, les causes morales, ou l'étayent, ou le redressent. Voyez la jalousie de ces mêmes états voisins, qui les tient tous en arrêt; voyez les opinions religieuses, qui donnent à Rome, dans l'univers entier, des soldats; voyez enfin l'intérêt politique des princes chrétiens, veiller à la conservation d'un despotisme, sur lequel s'appuient tous les autres, qui, en mettant tous les trônes dans le ciel, leur épargne des troupes et de l'or, qui, enfin, possède et prête ou vend à tous les souverains cette parole qui vaut des armées : *l'autorité vient de dieu.*

C'est à tort qu'on prétendroit que l'autorité spirituelle du pape pourroit être séparée de son autorité temporelle.

Il est incontestable que c'est la couronne du monarque qui soutient la thiare du pontife : les séparer, ce seroit les briser.

La force physique est la base nécessaire de tous les pouvoirs moraux qui ne sont, à vrai dire, eux-mêmes, que des pouvoirs physiques aussi, mais compliqués et secrets.

L'autorité temporelle du pape ne périra vraisemblablement que lorsqu'il n'y aura plus que de la religion sans superstition.

Que de durée cette menace lui accorde encore ! car il sera peut-être impossible à la religion et à la philosophie de purger de toute superstition le catholicisme.

La foiblesse naturelle de l'esprit humain, l'ignorance invincible des dernières conditions de la société, la puissance de l'habitude, l'intérêt de plusieurs passions, empêcheront toujours que la religion chrétienne ne s'épure parfaitement ; qu'elle ne se relève vers le ciel, d'où elle est descendue, et ne retourne à ces idées simples et sublimes auxquelles les hommes vulgaires ne sauroient atteindre.

Mais, dira-t-on, l'état ecclésiastique est aujourd'hui si foible ! Il n'a jamais été si stable que depuis qu'il est si foible. Il n'a plus rien à redouter désormais, car désormais il n'est plus à craindre.

LETTRE LXXIX.

A ROME.

Suite de la précédente.

La tranquillité qui règne à Rome peut s'expliquer aisément.

Quoique le pape ait dans ses mains un pouvoir absolu, il est peu dans le cas d'en abuser; il n'est pas né prince; la couronne est pour lui une bonne fortune, un accessoire de la thiare, une des fonctions de la papauté, un dépôt plutôt qu'une propriété; et ordinairement il est vieux : d'ailleurs, on ne prend tout d'un coup ni des besoins, ni des habitudes, ni des talens, ni des idées; on les acquiert, et, à un certain âge, avec peine.

Un grande considération retient encore les papes, qui seroient tentés d'opprimer : pour se faire respecter comme pontifes, il faut qu'ils se fassent aimer comme rois.

Le despotisme des papes consiste bien plus à ne pas user de leur pouvoir qu'à abuser de leur autorité.

La foiblesse est presque la seule tyrannie des papes.

Or, celle-là cause bien moins de trouble ; elle donne le temps à la nation de gagner un nouveau pontificat.

Le haut clergé n'a pas d'intérêt non plus à troubler l'ordre établi.

L'autorité du pape, douce et légère en elle-même, n'appuie presque pas sur lui.

L'opinion d'ailleurs, qu'elle est sacrée ; celle, qu'elle est nécessaire ; celle, qu'elle est momentanée : ces trois opinions la soulèvent.

Enfin, l'ambition et l'espérance d'exercer quelque portion de cette autorité dans le moment, et de l'exercer en entier quelque jour, achève de lui ôter toute sa pesanteur, en lui laissant tout son poids.

Et comment les cardinaux seroient-ils tentés de rétrécir la thiare? Ils ne sont rien, dans l'état, auprès du peuple, auprès du clergé, auprès du souverain, ni même, dans l'Europe entière, par ce qu'ils sont, mais, uniquement, par ce qu'ils peuvent être : ils ne diminueront donc pas ce qu'ils peuvent être; ils ne diminueront donc pas le pape.

A l'égard du peuple, une foule de causes morales courbe son obéissance, comme sa foi, sous le joug pontifical. Il a un maître absolu; mais il n'en a qu'un. Il croit le tenir de dieu; il en change souvent : la thiare est trop loin de lui.

Si le peuple, à Rome, demeure en paix, quoiqu'il ne soit ni prévenu par la police, ni réprimé par la justice, c'est que l'absence des causes de désordre y remplace les moyens de l'ordre.

Rien de plus rare à Rome, que les vols caractérisés, que les effractions, que les mouvemens populaires. Seulement un grand nombre de coups de couteau.

Ils ne causent jamais ni mouvement, ni horreur; on les voit donner de sang-foid, on les raconte de sang-froid. Le meurtrier ne passe ni pour méchant, ni pour dangereux, ni pour infâme. Sans doute, dit-on, on l'a provoqué.

L'usage du couteau est le duel de la populace.

On le regarde comme une portion de la justice laissée au peuple. Il ne passe guères d'ailleurs la vengeance qui est modérée par la crainte même de la vengeance.

C'est la vengeance, à Rome, qui fait la police.

On pourroit assurément, si l'on vouloit, ôter le couteau au peuple, réunir à la justice souveraine cette branche égarée de la justice criminelle : il suffiroit de supprimer les asyles, de surveiller les galères, et de ne plus arracher aux mourans, des mots douteux qui pardonnent; car, ici, l'assassinat au couteau est tellement regardé comme un crime privé, que le pardon de l'assassiné désintéresse absolument la justice souveraine.

Le peuple y gagneroit-il ?

Le couteau fait, il est vrai, parmi le peuple, quelques victimes, mais il prévient l'oppression, qui en fait encore davantage. Il hâte quelques morts, mais il diminue les malheurs.

Un grand qui peut opprimer, et un

petit qui peut se venger, sont, à-peu-près, à deux de jeu.

Je suis loin cependant d'approuver l'usage du couteau; j'énonce ce qui, dans un mauvais ordre de choses, paroît être le moins mal.

Je reviens à la rareté des vols.

Le nombre des besoins physiques, qui conseillent le vol, est beaucoup moindre à Rome que par-tout ailleurs.

La terre et l'industrie enrichissent peu les Romains ; mais rassasiés et vêtus de la fécondité et de la chaleur du climat, ils ont peu besoin de l'industrie et de la terre.

La mendicité, cette dégénération de la pauvreté, dont l'état précaire, partout ailleurs, est la source ordinaire des vols, n'a point ici cet inconvénient; c'est ici un état assuré. Il n'y a pas de mendiant que la mendicité ne nourrisse, et à qui, non-seulement elle ne donne le présent, mais ne garantisse aussi l'avenir.

Un homme, une femme, un enfant n'ont qu'à arborer quelque guenille dans les rues de Rome, ou étaler quelque plaie, ils trouvent tout de suite à manger. La pitié des Romains ne raisonne jamais. Et que faut-il de plus à un mendiant? Dégradé, ou par la misère, ou par les infirmités, ou par la paresse, la vie animale lui suffit : dès qu'il l'a, il est heureux — comme son chien.

Il y a plus de mendians à Rome que par-tout ailleurs ; ils abondent de tous les côtés ; le pélerinage en dépose un très-grand nombre.

Tout ici leur est ouvert; il leur est permis de chercher par-tout la charité, de la poursuivre par-tout : ils entrent dans les cafés, et ils en sortent comme des animaux domestiques. La délicatesse souffre et murmure; mais l'humanité dit à la délicatesse : ce sont des hommes.

Une raison qui prévient encore la fréquence des vols, privés ou publics, c'est l'absence du luxe, et sur-tout du plus contagieux, du luxe effronté qui brille.

Il faut moins de superflu, à Rome, que par-tout ailleurs.

La richesse y sert peu les ambitions, qui toutes doivent passer par l'état ecclésiastique, et sont forcées d'y rester.

D'ailleurs, tout le monde est connu; moins d'espérance par conséquent d'en imposer par du faste, moins de besoin par conséquent de faste, et par conséquent de crimes.

Le superflu coûte plus de grands crimes, que n'en coûte le nécessaire.

La misère, la paresse, l'ambition,

le besoin des femmes peuvent donc, à Rome, se passer de voler.

Je dis aussi le besoin du sexe; parce qu'ici le climat, et les mœurs fournissent suffisamment des femmes, même au caprice.

La débauche privée est si grande, qu'on ne connoît point la débauche publique; elle n'est pas nécessaire : ainsi, dans certains pays, la pauvreté est si générale, qu'il n'y a point de mendicité.

Il se commet pourtant des vols, mais ce sont plutôt des tentations et des facilités du moment, que des coups de main combinés.

On voit pourquoi les assassinats sont rares. Les besoins de voler sont peu actifs et peu nombreux, et les peines contre le vol ne sont pas sévères.

Pourquoi, maintenant, la mauvaise distribution de la justice, et la mauvaise économie politique ne lassent - elles jamais la patience du peuple ?

Il faut distinguer les querelles judiciaires du peuple, de la populace, des petits bourgeois, et les querelles judiciaires des états plus importans.

Les premieres roulent ordinairement sur des minuties, et montrant tout d'un coup la justice, obtiennent en général des jugemens assez justes, ou dont l'injustice est si subtile, qu'elle échappe aux yeux du vulgaire.

Quant aux autres différens : leur décision n'intéresse que peu de monde; et d'ailleurs, l'équité et l'iniquité de ses décisions peuvent aisément rester cachées dans la complication des intérêts et des formes, ou dans l'obscurité des droits.

De toute l'administration politique, la seule partie qui affecte vraiment le peuple, c'est celle qui le touche immédiatement : c'est-à-dire, le prix des denrées.

Quand les denrées haussent, le peuple murmure. Que fait alors le gouvernement ? Il écoute ; et si le murmure ne devient pas un cri, il va son train ; il se garde seulement de verser *cette dernière goutte*, qui seule fait répandre les vases d'iniquité, comme tous les autres.

Le peuple vient-il à crier, le gouvernement baisse le prix ; mais il diminue la mesure : le peuple Romain est content.

Voilà le peuple Romain ; les peuples ; le peuple.

Celui-ci est plus patient, parce que les autres n'espèrent que dans le temps, mais lui, dans le lendemain. Un pape est toujours, pour lui, un roi, qui se meurt.

Aussi le plus grand tort que les papes

puissent avoir avec les Romains, c'est de vivre trop long-temps, de retarder le tirage d'une loterie où tout le monde a des billets, et qui a des lots pour tout le monde. Les cardinaux y ont des billets de pape ; les prélats, des billets de cardinaux ; les abbés, des billets de prélats ; la noblesse, des billets de crédit ; certaines personnes, des billets d'emplois ; les marchands, des billets de vente ; les artisans, des billets d'ouvrage ; les mendians, des billets d'aumônes : tous, des billets de changemens, de spectacles et de fêtes. Pourquoi donc cette joie, cette folie, cette ivresse d'un bout de Rome à l'autre ? Rome a-t-elle remporté quelque victoire ? Oui ; un pape est mort,

LETTRE LXXX.

A ROME.

Suite de la précédente.

MAINTENANT; comment le peuple est-il heureux, sous le joug d'une autorité absolue, sous l'influence de tant de puissances secondaires, sous l'action continuelle de la pauvreté, en proie à tant de défauts et de vices d'une administration détestable ?

Qu'il obéisse ; à la bonne heure : l'habitude, la patience, l'espoir, la religion ont séparé à Rome, par un assez grand intervalle, l'oppression et la révolte.

Mais que ce peuple obéisse gaîement !
Vous avez déjà vu que l'autorité absolue du pape ne pouvoit peser beaucoup

sur le peuple. L'influence des grands sur sa destinée est encore moins oppressive.

Il règne dans tous les rapports des grands avec les grands, et des grands avec les petits, une aménité, une facilité, une cajolerie universelle : cela vient de ce que la fortune exerce ici tous ses caprices, et ordinairement, en secret et en silence, par des valets, des moines, des secrétaires, ou par des femmes. On ne sait donc, au juste, avec qui l'on a affaire, le prix de celui avec qui on traite, l'influence de ce passant qu'on salue. Peut-être demain, ce pauvre prêtre sera-t-il prélat; ce pauvre prélat, cardinal; ce pauvre diable, le secrétaire ou le valet d'un homme en place. Dans le doute, tout le monde ménage tout le monde; dans le doute, on prodigue les paroles de bienveillance, les sourires de protection, les serremens de mains d'amitié : tous les visages font la cour à tous les visages.

Les Romains ont une merveilleuse facilité à changer de visage, ou plutôt ils n'ont pas besoin d'en changer ; les meilleurs masques du monde, ce sont des visages italiens. Cependant leur pantomime outre tout, les gestes, les paroles, les regards, de sorte que, pour la rendre trop significative, ils la rendent insignifiante. Aussi, les Italiens, entr'eux, ne croient-ils jamais ni le visage, ni la parole, ni l'accent même; ils ne croient que l'événement.

Voulez-vous connoître la conduite d'un cardinal en visite chez un autre cardinal, sur-tout quand ce dernier est en place ? En entrant dans la première antichambre, où sont les valets, il salue; dans la seconde, où se tiennent les valetsde-chambre, il sourit; dans la troisième, où sont les gentishommes, il prend la main, dans la quatrième, où se trouve l'introducteur, il salue, il sourit, il prend la main et il cause ; enfin, il entre chez son collègue : ce sont, en apparence, deux amis qui s'embrassent, et, en effet, deux rivaux qui voudroient s'étouffer.

Cette politique nécessaire de ménagemens met donc, ici, les petits à l'abri des oppressions dont, ailleurs, les loix mêmes ne les défendent pas.

Enfin, à Rome, la médiocrité des fortunes rapproche les individus et les états : toutes les têtes, presque, se touchent; il faudroit donc que le despotisme fut bien adroit, pour n'en frapper précisément qu'une.

LETTRE LXXXI.

Suite de la précédente.

Achevons d'expliquer le bonheur des Romains, fondé (comme on vient de le voir), sur un esclavage politique, apparent, et sur une liberté très-réelle.

Aucun de leurs besoins physiques n'a le superflu; mais ils ont tous le nécessaire, et peu est le nécessaire.

La faim est sans énergie. Un repas suffit par jour; et des fruits, des légumes, du petit poisson, peu de viande, suffisent à ce repas unique.

La soif demande et consomme très-peu de vin, mais beaucoup de citrons et de glace.

Quant à l'habillement; le climat et le costume le réduisent au vêtement : toute personne qui n'est pas nue, est vêtue.

Le besoin des sexes trouve dans le sygisbéisme, aliment; dans les mœurs, facilité; dans la religion, indulgence.

Il est un besoin particulier, qui n'est pas compris dans la liste des besoins de l'homme, peut être le plus impérieux de tous, qui joue le plus grand rôle dans la vie humaine, et qui cependant a peu fait jusqu'ici l'objet de la législation, et même de la philosophie : c'est celui qu'éprouve l'homme, d'épuiser son activité, c'est-à-dire, de dépenser le superflu de vie, qui lui reste, après la satisfaction des premiers besoins.

Il est constant que ce trop de notre existence, si je peux m'exprimer ainsi, comprimé en nous par la contrainte ou par le défaut d'exercice, cause infailliblement ce mal-aise, qu'on nomme ennui, et qui devient un tourment affreux.

C'est pour prévenir ou combattre cette modification douloureuse, pour échapper à l'ennui, que l'homme civilisé fait par-tout, plus ou moins d'efforts, qu'il invente et cultive la foule des arts, se perfectionne ou se déprave, qu'il remue l'univers, et qu'il remplit les histoires.

Mais ce besoin est plus ou moins impérieux dans les différens degrés de civilisation, et sous les différentes températures.

A Rome, par exemple, le climat le réduit beaucoup, ainsi que les autres besoins.

D'ailleurs, les circonstances politiques, loin de le cultiver, de le développer, de l'augmenter, comme elles font parmi d'autres peuples, concourent, au contraire, avec le climat, à le restreindre encore d'avantage.

Vous voyez, en effet, que la politique européene se retire de plus en plus de l'état ecclésiastique, comme la mer, de ses rivages.

Cet état reste bien, si vous voulez, dans le territoire de l'europe; mais il n'est presque plus dans sa société; il ne représente plus sur le globe. Il n'a donc plus de part à son mouvement général, ni à son commerce habituel, ni à ces électrisations fréquentes des orages politiques, qui entretiennent, qui irritent, qui développent la sensibilité des nations.

Ainsi, le besoin de consommer son activité, réduit, chez les Romains, par ces deux causes, n'exige point tout cet espace qu'il lui faut ailleurs, pour s'exercer et se satisfaire : il ne lui faut pas tous ces divers champs de la philosophie, de la littérature et de la politique.

Le peu de superflu qui leur reste de

leur existence, après la satisfaction des premiers besoins, ils le dépensent en sommeil, en amour, en vanités, en disputes théologiques et en processions.

On passe du dîner au sommeil. On dort jusqu'à six heures du soir ; ensuite on ne fait rien, ou on fait des riens. La nuit arrive : tous les travaux s'interrompent, tous les atteliers se ferment; hommes, femmes, filles, chacun alors prend la volée jusqu'à trois heures du matin; on va à la promenade, dans la rue du cours ; à la conversation, dans les coteries ; à la collation, dans les auberges; les esprits, même les plus graves, s'abandonnent, jusqu'au lendemain.

Chaque soirée est une fête publique, à laquelle préside l'amour. Il n'est pas fort rafiné. Les sens parlent aux sens, et ils se sont bientôt entendus; ou bien la vanité à la vanité; rarement le cœur et l'imagination, à l'imagination et au cœur.

Il y a tant de bonnes fortunes à Rome, qu'il n'y a point de bonnes fortunes.

On ne trouve, ici, dans les mœurs ni des hommes privés ni des hommes publics, cette moralité, cette bienséance dont les mœurs françoises sont pleines.

Le beau moral est absolument inconnu. Ce qu'il y a de bien, on ne le doit qu'à l'instinct, au bon sens, à la coutume. Or, c'est pour atteindre à ce beau moral dans tous les genres, que la sensibilité est le plus tourmentée; qu'elle est en proie aux contentions de l'esprit, aux émulations de l'ame, aux scrupules de la conscience; qu'elle pare avec tant de rafinement et de peine, les écrits, les discours, les passions, enfin toute la vie publique et privée.

Rien de tout cela à Rome.

La vie, pour la plupart des individus, n'y a que de la vieillesse et de l'enfance. Les autres saisons lui manquent.

Deux choses ajoutent singuliérement au bonheur des Romains. La religion, par ses absolutions, leur couvre toujours le passé, et, par ses promesses, leur colore toujours l'avenir. C'est le peuple qui craint le moins, et qui espère davantage. Il a la religion la plus aveugle, et en même temps la plus commode. Qu'il assiste régulièrement à des cérémonies religieuses, c'est-à-dire à des spectacles, et qu'il prononce habituellement certaines paroles, il a le ciel.

Il n'a pas besoin de travailler ses sentimens et ses idées, et de se battre toute la vie avec les passions. La température de sa religion est aussi douce que celle de son ciel.

Le Romain n'ayant qu'une sensibilité médiocre, et toujours vague, est très-rarement malheureux, et ne l'est jamais beaucoup.

Ce n'est pas que sa sensibilité ne puisse être poussée à tous les extrêmes, comme celle des femmes; sa foiblesse même l'en rend susceptible : mais il faudroit que les ressorts qui l'y auroient poussée, demeurassent constamment tendus.

Vous savez ce qui est arrivé à Rome, il y a deux mille ans, lorsque l'ambition de la conquête du monde s'y détendit. Tout se relâcha, à la fois; en peu de temps, l'empire de l'univers fut dissous. On vit les derniers empereurs et les papes.

La Rome ancienne n'étoit qu'artificielle. La Rome de la nature est celle-ci.

Voilà Rome, comme la veulent son ciel et sa terre ; la voilà, comme ils l'ont faite, toutes les fois qu'ils ont été libres.

Jamais les Romains actuels n'auront ce degré d'esprit et d'imagination, que donne la tension de la fibre, qui, dans les mœurs ou les arts, trouve l'énergique et le passionné, et qui atteint au sublime. Ils n'auront que celui qui est en-deçà, et qui rencontre uniquement l'abondant, le facile et le disert.

Enfin ils n'auront plus de vrai génie, qui n'est ordinairement produit que par irritation, si je peux m'exprimer ainsi. Ils n'en auront, du moins, que par accident.

Mais qu'on ne s'y trompe point : ce qui embellit un peuple au regard des autres peuples, n'est pas ce qui le rend fortuné.

Il en est des peuples comme des individus, qui sont presque toujours misérables, par les mêmes qualités qui leur donnent de l'éclat, et qui les font envier.

En dernière analyse; les Romains ressemblent beaucoup à ces hommes médiocres, paisibles et obscurs, dont le sort ne tente qui que ce soit, qui ne sont ni aimables, ni utiles, à qui on ne voudroit pas ressembler, avec qui on ne voudroit pas vivre; mais qui pourtant sont heureux.

LETTRE LXXXIII.

A Rome.

Que ces ames trop sensibles, qui craignent tout ce qui rappelle à l'amour, n'entrent jamais, à Rome, dans l'église de la Victoire; elles y verroient la statue de sainte Thérèse, par le *Bernin*.

Thérèse est à moitié couchée; tout son corps s'abandonne.... son regard, ses traits, sur-tout ses mains et ses pieds languissent.....

Ma pensée commence à rougir; détournons-la.

Et on appelle cette église, l'église de la *Victoire!*

Si quelque passion a troublé la paix de votre ame, allez à la fontaine de Moïse, et arrêtez-vous devant ces deux lions, qui reposent, ... et qui, de leur gueule entr'ouverte, laissent échapper deux ruisseaux sur le marbre. Le repos de ces lions vous calmera.

C'est bien-là le repos d'un être puissant! Toute l'existence de cet animal est en paix. Comme cette patte, repliée devant lui, a oublié ses griffes! elle semble entièrement désarmée.

Mais quel génie, quel art, quel ciseau ont animé, en lions, ces deux blocs de marbre noir?

L'art sait faire du repos; mais c'est ordinairement celui de la mort : celui-ci est le repos de la vie.

LETTRE LXXXIV.

A Rome.

J'ai dit, dans une de mes précédentes lettres, que les curés étoient, ici, un des moyens du gouvernement politique.

Les curés sont au nombre de quatre-vingt-dix. Leur ministère en fait de vrais les commissaires de police.

Sur la plainte d'un curé, on est saisi et emprisonné : je parle du petit peuple ; car les gens un peu distingués savent se défendre ; c'est, ici, comme par-tout.

Le petit peuple a pour lui, à la vérité, le *couteau*, avec lequel il peut imposer aux curés trop despotiques, et il leur impose en effet. J'ai vu un curé qui, crainte du couteau, n'osoit sortir de chez lui.

Voici un exemple du despotisme civil et religieux que peuvent exercer les curés.

Tous les catholiques sont obligés de communier à Pâques. Sous quelle peine? de ne pas communier; sous peine d'excommunication !

Quelque temps après Pâques, les curés font la liste des paroissiens réfractaires, la remettent au gouvernement; et, le jour *de la saint Barthelémi*, toutes les listes se publient, avec un décret d'excommunication que le pape fulmine alors.

Un curé crioit, devant moi, au scandale, contre un pareil usage. « Pour moi, me disoit-il, je n'envoie jamais de liste; mais, si quelqu'un de mes paroissiens n'a pas fait son devoir, après l'avoir averti en particulier, après l'avoir fait appeller à la porte de l'église, je le fais conduire en prison; il faut bien alors qu'il communie : j'en tins un, six semaines, en prison, l'année dernière; il finit par communier. »

Ce curé me conta ensuite un phénomène religieux digne de remarque. Le Pape ordonna, il y a deux ans, une mission générale dans Rome, avec force indulgences. C'étoit en actions de graces pour une récolte extraordinaire. Le nombre des non-communians s'éleva si haut, cette année, que le pape prudemment défendit la publication des listes, et n'excommunia personne. Il craignit le scandale du nombre ; il eut peur de l'accroître, en le faisant connoître.

Mais pourquoi, dis-je au curé, souffrez-vous toutes ces superstitions grossières, qui déshonorent ici le culte divin, et qui le compromettent ailleurs ? Pour faire passer avec elles un peu de religion, me répondit-il.

Ah ! ah ! lui dis-je, vous faites donc

comme Molière, qui donna le *médecin malgré lui*, pour faire passer le *misanthrope*. Notre bon curé se mit à rire, et repartit : « ce peuple-ci n'a que des sens ; » une religion épurée n'auroit pas pour » lui assez de corps : il faut qu'il la » touche, qu'il la palpe, qu'il la voie ; » il faut donc qu'elle soit mêlée de su- » perstition ».

Je reprochois encore au curé son indulgence extrême pour la débauche. Si nous sommes, me répondit-il, si faciles à l'amour, c'est dans l'intérêt même de la religion ; plus sévères sur cet article, elle seroit abandonnée : nous avons fait, plus d'une fois, des essais de rigueur, qui ont fort mal réussi.

Vous êtes encore payen, lui répliquai-je : vous sacrifiez au soleil.

— Il est vrai ; au soleil et au célibat. Le célibat obligé est si considérable ici qu'il faut bien avoir pour lui des égards ; il seroit dangereux de le désespérer.

J'ai été témoin, hier au soir, d'une dévotion singulière : j'ai vu une quantité prodigieuse de peuple qui montoit à genoux les degrés d'*Ara Cœli ;* chacun marmotoit quelques prières, celui-là pour gagner à la loterie, celle-ci pour obtenir un mari, un jeune homme pour attendrir sa maîtresse ; car tels sont, m'a assuré notre bon prêtre, les objets des prières du peuple. Là-dessus, je me mis à rire. Que voulez-vous, me dit le curé? Pendant ce temps-là on ne fait pas de mal, et la religion subsiste. —Et votre revenu, monsieur le curé,

LETTRE LXXXV.

A Rome.

LE Guide a représenté allégoriquement le lever de l'aurore, sur le plafond du palais Rospigliosi.

Beautés, qui ne vous êtes jamais levées assez-tôt pour voir l'aurore, prêtez l'oreille.

Tandis que la nuit enveloppe encore la vaste mer, qui est éclairée cependant, par intervalle, de l'écume des flots qui bouillonnent; jeune, belle, simple, vêtue de voiles de toutes les couleurs, emblêmes ingénieux et brillans des nuages qui l'accompagnent, et tenant dans ses mains des fleurs, tout-à-coup, dans les airs rougissans par degrés autour d'elle, paroît l'Aurore. Elle s'avance en regardant derrière elle, d'un œil attendri, le soleil, qui, d'un œil non moins attendri, en la suivant, la regarde : l'aurore et le soleil, en effet, ne peuvent s'atteindre; ils s'entrevoient à peine un moment, dans les beaux jours : cependant quatre superbes coursiers rasent, en bondissant, les flots azurés qui s'enflamment et emportent le char de vermeil : les plus jeunes filles de l'aurore, les premières heures, si ressemblantes à leur mère, et si semblables entr'elles, se tiennent, en riant, par la main, autour du char; tandis que, planant entre la déesse et les coursiers, l'amour porte le flambeau du soleil : l'amour le secoue sur l'univers; et à l'instant le jour brille.

Quel dommage que le temps efface incessamment ce beau tableau! L'Aurore, de jour en jour, est plus pâle; elle n'a plus ses doigts de rose; elle sera réduite, avant peu, à annoncer les jours de l'hiver.

Quoique ce tableau soit charmant, il offre cependant des taches. L'Aurore a l'air trop sérieux ; elle n'est pas assez svelte ; les larmes qui tremblent au bord de sa paupière, ne sont pas assez amoureuses. Elle devroit glisser dans les airs, et elle marche. Pourquoi ces fleurs unies en bouquet ? Ces roses sont beaucoup trop dans sa main ; — il ne s'en échappe pas une seule.

C'est la Fontaine qui avoit vu l'Aurore, lui qui a peint une jeune beauté,

La tête sur un bras, et son bras sur la nue ;
Laissant tomber des fleurs, et ne les semant pas.

N'est-ce pas là l'Aurore et la Fontaine ?

LETTRE LXXXVI.

A Rome.

J'ai laissé aujourd'hui les statues, les tableaux, les palais, les obélisques; et je suis venu dans les jardins de la *villa Borghèze*, me reposer d'admirer.

Je suis, depuis trois heures, avec la nature, dans ces jardins.

Je viens de voir passer un charmant troupeau de biches, errantes, comme moi, dans cette enceinte : en me voyant elles se sont arrêtées toutes; elles ont tourné toutes ensemble, à mon regard, leurs jolies têtes; puis, reprenant tout-à-coup leur course, elles m'ont offert mille pieds délicats et vîtes, qui, sur la tige des fleurs et la pointe des gazons, sembloient, si j'ose parler ainsi, dévider, avec volubilité, leur fuite.

Montons sur cette éminence. Quel admirable coup-d'œil ! Je vois la campagne de Rome.

Comment n'être pas charmé, en voyant, dans ce vaste tableau, la réunion de toutes les cultures ; le contraste de toutes les couleurs ; le mélange d'une foule de chaumières et de châteaux ; tout le printemps qui finit et tout l'été qui commence ; ces lointains qui unissent la terre et les cieux ; ces aspects tellement fugitifs, que deux regards les trouvent changés ; cette vapeur bleuâtre qui voile le penchant des monts ; cette neige éclatante, dont leur sommet étincelle ; et, au milieu de tous ces objets, des pins, des peupliers, des cyprès qui, parmi des tombeaux et des aqueducs en ruines, s'élèvent, et semblent découper l'horison.

Mais j'aime encore mieux ce bocage retiré, où je suis assis maintenant; seul et me sentant seul; du papier et une plume auprès de moi ; le ciel le plus pur sur ma tête; à droite, à gauche, les arbustes les plus rians et les plus sombres; tandis que, du milieu de ces groupes verts, le superbe porphyre, montant hardiment en colonne, porte, sur son brillant sommet de pourpre, des statues d'un marbre éclatant.

Mais j'apperçois une colonade. Levons-nous maintenant, et promenons-nous.

Voilà des statues antiques. C'est Vénus; c'est Apollon; c'est un Faune. Toi qui te caches au milieu des myrthes, comment te méconnoître, Amour !

Voilà aussi des inscriptions funéraires, gravées sur des tablettes de marbre, qui sont incrustées dans le mur :

A un père et à une mère qui m'ont aimé.
A mon enfant.
A une sœur qui m'étoit chère.

Charmante retraite ! comme on est bien caché ici, dans le sein même de la nature !

Mais quel bruit agréable et doux s'insinue insensiblement dans le silence qui m'environne ? C'est le concert enchanteur du soir, des rossignols qui exhalent leurs derniers accens, des colombes qui murmurent leurs derniers baisers, des oiseaux qui s'enfuient devant la nuit qui les menace, des zéphirs qui quittent les calices tremblans des fleurs qu'ils ont fait éclore aujourd'hui, enfin, de toutes les eaux qui, dans ce jardin immense, ou ruisselent, ou jaillissent, ou tombent sur les gazons et les marbres.

Que ne puis-je voir paroître dans ce moment tous mes enfans ; les voir tous accourir, suivis de leur aimable mère belle de ses vertus et de ses enfans, et remplissant, à la fois, mon cœur de cris de bonheur et de joie !

Que j'aurois de plaisir à voir *Emmanuel, Auguste, Adrien, Fanny, Adele, Eléonore* se répandre dans ces bosquets, fouler à l'envi tous ces gazons, s'enfoncer dans toutes ces ombres du soir, et, dans leurs jeux folâtres, remplacer, sur la mousse et les fleurs, les zéphirs et les papillons !

Je prendrois un moment *Charles* avec moi; je le menerois, là-bas, sous ces lauriers, devant ces statues de *Brutus, de Caton* et *de Cicéron*; et là, je tâcherois d'échauffer un peu sa jeune ame, en lui parlant, avec ces marbres, des ames de ces trois grands hommes.

Rêve trop aimable! Ils sont à trois cents lieues de moi; plusieurs mois encore nous séparent!.....

Mais déjà la nuit s'avance, il ne reste qu'un rayon de jour sur le sommet de cet obélisque; il meurt sur le front de cette Vénus.

Célèbre villa Borghèze! D'autres raconteront ton architecture, tes marbres, tes albâtres, tes bronzes, tes tableaux, ta magnificence et ton luxe : et moi, je dirai tes oiseaux, tes gazons, tes colombes, tes troupeaux de daims et de biches, mais sur-tout le silence et la paix de tes jardins solitaires.

Aimable paix, comme vous resterez dans cette enceinte, demeurez aussi dans mon cœur; suivez-moi au milieu des passions des hommes, au milieu des maux qu'ils endurent, et des maux qu'ils font souffrir : écartez de moi les ennuis secrets qui tourmentent inévitablement quiconque a jugé et les hommes, et les choses, et la vie, et la mort.

LETTRE LXXXVI.

A Rome.

Si je ne vous ai pas encore parlé de l'église de *saint Pierre*, c'est qu'il est impossible de trouver, dans aucune langue, des expressions pour en parler dignement.

La place qui est devant cette église, est une des plus belles de l'Europe.

Au milieu d'une enceinte immense, couronnée circulairement d'un vaste portique qui soutient, sur quatre cents colonnes majestueuses, deux cents statues colossales ; entre deux superbes bassins noircis de bronze et de temps, d'où jaillissent, étincellent, retombent, et murmurent nuit et jour des eaux éternelles, s'élève pompeusement dans les airs un magnifique obélisque.

Cet obélisque est de granit; il a été taillé en Égypte : il a été élevé par Sixte-Quint.

Il n'est pas étonnant que l'église de S. Pierre soit devenue un si prodigieux édifice. Elle fut projettée par la vanité de Jules II, qui prétendoit que son tombeau fût un temple; entreprise par le génie de Léon X, qui désiroit, des chefs-d'œuvres de tous les beaux arts, faire un chef-d'œuvre ; enfin, au bout de plusieurs siècles, achevée par le caractère de Sixte-Quint, qui vouloit tout achever.

Ce monument est un des plus étendus qu'on connoisse. Il sépare en deux le mont Vatican ; il couvre le cirque de Néron, sur lequel il est fondé ; il achève de fermer, entre Rome et l'univers, la célèbre voie triomphale.

Rien ne peut rendre ce ravissement

qui saisit l'ame, lorsqu'on entre dans l'église de S. Pierre, pour la première fois ; lorsqu'on se trouve sur ce pavé étendu, parmi ces piliers énormes, devant ces colonnes de bronze, à l'aspect de tous ces tableaux, de toutes ces statues, de tous ces mausolées, de tous ces autels, et sous ce dôme..... enfin, dans cette vaste enceinte où l'orgueil des plus grands pontifes, et l'ambition de tous les beaux arts ne cessent, depuis plusieurs siècles, d'ajouter, en granit, en or, en marbre, en bronze et en toile, de la grandeur, de la magnificence et de la durée.

On pouvoit amonceler, à une plus plus grande hauteur, sur une plus grande superficie, une plus grande quantité de pierres. Mais, de tant de parties colossales composer un ensemble qui ne paroisse que grand, de tant de richesses éclatantes faire un monument qui ne paroisse que magnifique, et de tant de parties faire un seul tout ; c'est là le chef-d'œuvre de l'art, et l'ouvrage, en partie, de Michel-Ange !

Il y a, dans l'église de S. Pierre, dix-huit années entières de la vie de Michel-Ange.

Mais que de défauts, dit-on, dans cet édifice ! non pas du moins pour le sentiment et le regard ; il faut que le compas les y cherche, et que le raisonnement les y trouve.

Vous prenez une toise pour mesurer la grandeur de ce temple ! tout le temps que j'y ai été, j'ai pensé à dieu...... à l'éternité : voilà sa véritable grandeur.

Il est impossible d'avoir ici des sentimens médiocres et des pensées communes.

Quel théatre pour l'éloquence de la

religion ! Je voudrois qu'un jour, au milieu de l'appareil le plus pompeux, tonnant tout d'un coup, dans la profondeur de ce silence, roulant de tombeaux en tombeaux, et répétée par toutes ces voûtes, la voix d'un Bossuet éclatât ; qu'elle fît tomber alors, sur un auditoire de rois, la parole souveraine du roi des rois, qui demanderoit compte aux consciences réveillées de ces monarques pâles, tremblans, de tout le sang et de toutes les larmes qui coulent, en ce moment, par eux, sur la surface de la terre.

LETTRE LXXXVII.

A Rome.

J'ai encore à vous dire un mot des Romaines ; car, dans l'histoire de la civilisation trois articles principaux, comme vous savez, composent le chapitre des femmes ; la figure, la galanterie et la parure ; et je ne vous ai pas encore parlé de la parure des Romaines.

Les Romaines, comme les Génoises, et les Italiennes en général, sont encore d'une ignorance grossière, dans l'art si étendu et si important de la parure : dans cet art d'assortir la parure à l'habillement, et l'un et l'autre à la taille, à la figure, au teint, à l'âge, à l'heure du matin ou du soir : dans cet art d'adoucir par des gradations, d'accorder par des nuances, de faire valoir par des contrastes : dans l'art enfin si savant et si coûteux d'apprêter complettement une femme pour la vanité, ou la coquetterie, ou la mode.

Mais je sens qu'une pareille accusation, qui tend à compromettre l'honneur des Romaines, dans toute la France, et particuliérement à Paris, a besoin d'être prouvée. En trois mots, voici mes preuves.

Le dirai-je? le croira-t-on? toutes les femmes à Rome, sans en excepter la charmante Rosalinda, oui, toutes les femmes à Rome portent *perruque*. C'est un sacrifice que leur coquetterie a fait à leur indolence. Accoutumées à se coucher, tous les jours, l'après-midi, jusqu'à six heures du soir, à placer une seconde nuit au milieu du jour, elles ont trouvé qu'il leur en coûteroit trop de bâtir, deux fois, dans une journée, l'édifice d'une chevelure, et elles livrent toutes, leurs cheveux aux ciseaux.

Les Romaines sont dans l'habitude de mettre du blanc, les jours où elles veulent être parées. Au reste, si l'Italienne veut être un lis, la Françoise veut être une rose. Quoi ! la nature n'en a-t-elle pas fait des femmes ? de la gase, des fleurs et de la frisure ! et la nature leur a donné des cheveux. — Du rouge ! et elle leur a donné la pudeur. — Du blanc ! ne leur a-t-elle pas donné la tendresse ?

Cette affectation à se parer, cette ingratitude des femmes envers la nature, est bien ancienne. Properce la reprochoit à Cinthie, il y a deux mille ans. Laissons Properce achever ma censure; ses jolis vers convertiront peut-être mieux que ma prose.

A CINTHIE.

Sur son affectation à se parer.

Pourquoi donc, depuis peu, sous un tissu plus fin,
Sous un lin moins jaloux, voit-on briller ton sein?
Pourquoi tous ces parfums? cette tresse élégante?
L'or qui luit sur l'azur de ta robe ondoyante?
Enfin, pourquoi ce fard? chaque ornement, hélas!
Te dérobe une grace et te coûte un appas.
Va, crois-moi; ta beauté pare assez ta figure.
L'Amour, qui va tout nud, n'aime pas la parure.
Aucun art dans les champs; dans les champs tout est beau.
Le lierre a-t-il besoin qu'on l'unisse à l'ormeau?
Au gré de nos pinceaux, la rose rougit-elle?
Vois les jeux, vois les bonds de cette eau qui ruisselle.
L'arbosier, pour fleurir, demande les deserts;
Le pin suit la nature, en montant dans les airs;
Et l'oiseau des forêts, dont la voix nous enchante,
N'a point étudié ces doux airs qu'il nous chante.

Cinthie, oh! sans atours, sans diamans, sans or,
Phœbé plut à Pollux, Elaïre à Castor :
Idas, lorsqu'à Phœbus il disputoit Marpesse,
Disputoit la beauté, mais non pas la richesse:

Et Pélops, que charmoit la belle AEnomaüs,
Aimoit un front de vierge et des traits ingénus.
Ces beautés séduisoient, sans songer à séduire :
On les voyoit paroître ; on les voyoit sourire ;
Point d'art : nul ornement : seulement la pudeur
A leurs simples attraits ajoutoit sa rougeur.

Laisse donc-là ton luxe, ô maîtresse adorée !
Plaît-elle à son amant ? une Belle est parée.

LETTRE LXXXVIII.

A Rome.

Je compte partir demain pour Naples, mais je reviendrai faire mes adieux à Rome.

Cependant je ne veux plus différer à vous dire un mot du cardinal de B... et puis du pape : car c'est dans cet ordre là qu'on les nomme.

Le C. de B.... a par-tout été à sa place, et presque toujours heureux ; sur le parnasse avec les muses ; à la cour, avec les rois; dans les boudoirs, avec les graces; au vatican, avec les papes; dans sa maison d'Albano, avec lui-même.

Il a toujours trouvé et pris, dans son esprit ou son caractère, les talens et les vertus qu'il lui falloit.

Sa maison est ouverte à tous les voyageurs, de toutes les parties du monde : il tient, comme il le dit lui-même, l'auberge de France dans un carrefour de l'Europe. On ne voit guère les cardinaux qu'à sa table. Ils poussent l'avarice, ces cardinaux, jusqu'à lui pardonner sa magnificence.

J'avois ouï dire qu'on lui faisoit de la peine, quand on lui rappelloit ses vers : cela pouvoit être vrai, avant qu'il fût cardinal. Pour moi, je suis témoin qu'il ne fait cette injure ni aux muses ni à la postérité. J'ai entendu le cardinal de B.... parler de l'auteur des quatre saisons, et de l'abbé de B. de très-bonne grace, et même avec reconnoissance.

Le C. de B..... a l'accueil le plus facile, le commerce le plus uni. Il conte beaucoup, mais vîte ; et jamais il ne croit avoir fait les mots heureux qu'il redit.

On dit que son esprit a baissé un peu, ou du moins qu'il a pâli; je ne le crois pas : je pense qu'il use seulement, quelquefois, du privilège que donne la réputation méritée d'avoir de l'esprit; qu'il se dispense de la peine, ou de la vanité, ou du ridicule d'en montrer : à-peu-près comme ces braves, qui, après avoir fait leurs preuves, refusent souvent de se battre.

Il paroît n'avoir aucun préjugé, et il ne montre aucune prétention. Sa naissance, ses succès, son chapeau semblent n'être à ses regards, que de la fortune.

Il est difficile d'être plus chéri à Rome, quoique singulièrement estimé. Tout ce qui l'approche, se retire content; il est si juste ! Tout ce qui l'environne, est heureux; il est si bon !

A l'égard du pape, il va baiser, tous les jours, les pieds de S. Pierre; il a été plaider lui-même à Vienne, aux genoux de l'empereur, la cause des moines; il fait dessécher les marais pontins; il enrichit le musée de Clément XIV; il épure sa législation criminelle; son neveu même a perdu un procès immense; jaloux de gouverner par lui-même, jaloux surtout qu'on le croie, il vient cependant de prendre pour premier ministre un homme du premier mérite; voilà Pie VI.

Ce pape est d'une si belle figure, que le peuple le voit toujours avec complaisance. Une belle figure n'est point un avantage indifférent pour les souverains : leur visage règne.

LETTRE LXXXIX.

A Rome.

Je sors de l'église du couvent de S. Onuphre. — Et qu'avez-vous été faire à S. Onuphre ? — Voir la gloire dans tout son néant, la fortune dans tout son caprice, le génie dans tout son malheur; c'est-à-dire, contempler la cendre de cet immortel poëte, que la nature força de faire des vers à sept ans, de terminer la Jérusalem délivrée à trente, et d'aimer jusqu'au tombeau : qui, après avoir consumé la plus grande partie de sa vie, ou à la cour, ou dans l'exil, ou dans les fers, traité, tour-à-tour, comme un homme de génie, ou comme un fou, tout-à-coup, vers le terme de sa carrière, se vit appellé par un caprice de la fortune, pour être couronné en cheveux blancs au capitole, mais, par un autre caprice de la fortune, fut enseveli, la veille même de son couronnement au capitole, dans le couvent de S. Onuphre.

Voici une inscription digne du Tasse.

TORQUATI TASSI
OSSA HIC JACENT,

Ici gissent les os du Tasse.

La fin honore les Moines qui élevèrent ce monument.

HOC, NE NESCIUS ESSET HOSPES,
FRATRES HUJUS ECCLESIAE POSUERUNT.

Afin qu'on sût où étoit le Tasse,
les frères de ce couvent ont tracé ces lignes.

Ils savoient donc le prix d'un grand homme !

On prétendit que le Tasse étoit devenu fou : mais jamais il n'eut d'autre folie qu'une sensibilité extrême, et qu'un génie supérieur. De tout temps, il a existé de ces grands et de ces hommes médiocres, qui, pour se dérober à l'admiration et aux égards dûs aux grands hommes, osent appeller la sensibilité de la folie, et le génie de l'exaltation.

Il est difficile d'imaginer à quel degré de misère la fortune abaissa le Tasse. La main qui avoit tracé les portraits d'Armide, d'Herminie, de Clorinde, de Bouillon et de Tancrede, écrivoit furtivement, au fond d'un cachot, chargée de fers : *Ce n'est pas assez d'être exilé, banni, emprisonné même ; d'être livré à la maladie, à la solitude et au silence; ils m'ont encore défendu d'écrire.* » Que cette plainte du Tasse est touchante! — Que cette rigueur étoit horrible ! — On avoit défendu au Tasse d'écrire !

Hommes médiocres; telle fut la destinée du Tasse! Pardonnez donc au talent.

LETTRE XC.

A Rome.

Je veux vous dire un mot sur le sort de des Juifs à Rome.

Il est encore plus misérable que partout ailleurs.

Ils sont environ sept mille. Ils ne peuvent habiter que dans un quartier déterminé, où, tous les soirs, à l'entrée de la nuit, on les enferme.

Ces malheureux sont condamnés, toutes les semaines, à un sermon, durant lequel un missionnaire les accable d'injures, et, pour peu qu'ils soient distraits, un sbire, de coups de bâton.

Tout juif qui n'assiste pas aux sermons, paie une amende.

Un juif a-t-il, une fois, laissé échapper de sa bouche, *je veux me faire chrétien*; il est soudain envoyé, pour deux ans, aux cathécumènes : et montrât-il, dans la suite, les plus grands regrets, tant pis pour lui; il faut qu'il achève son temps.

On pense bien que les juifs, à Rome, sont dans la plus grande misère : leur misère touche immédiatement, d'un côté à la conversion, et de l'autre côté à la mort.

Chose étrange! On persécute les juifs d'embrasser le christianisme, afin de l'accroître; et, si la persécution réussissoit, le christianisme seroit détruit. La foi du chrétien a besoin de l'incrédulité du juif.

On demande : quand les juifs se convertiront-ils donc au christianisme? Je demande : quand les chrétiens se convertiront-ils donc à la tolérance?

Chrétiens, quand cesserez-vous d'usurper la justice de dieu ?

Malheureux ! vous vous plaignez incessamment du sort, du ciel, des hommes et des rois ! Pensez aux juifs.

LETTRE XCI.

A Rome.

Les cérémonies réligieuses sont très-fréquentes à Rome; mais elles n'ont aucun intérêt : elles sont sans dignité, sans bienséance, sans pompe.

Celle de la procession de la fête-dieu n'a d'autre lustre que le pape et le peuple.

Tous les moines, tous les curés, tous les prélats, tous les cardinaux, tous les pénitens, toutes les collégiales sont actuellement dans Saint Pierre, et la procession s'arrange. En attendant qu'elle s'arrange, je me promène dans l'église, et j'y roule avec la foule. Quel murmure! quel bruit! quelle confusion! ce sont des flots de peuple qui entrent sans cesse, et des flots de peuple qui sortent sans cesse; des dévots qui, empressés autour des pieds de S. Pierre, se disputent le bonheur de les baiser; des personnes de tout sexe et de tout âge, agenouillées devant des confessionnaux remplis de moines, et recevant, au bout d'une longue gaule, l'absolution des péchés véniels, que les moines secouent sur leurs têtes; des bandes de jeunes gens et de jeunes filles, errantes de tombeaux en tombeaux en folâtrant et parlant d'amour; des Anglois mesurant gravement quelques piliers; des François qui voltigent et qui plaisantent; des Allemands étonnés de trouver, sur les portes de bronze de la première église du monde, les tableaux les plus lascifs; à travers une haie d'abbés qui s'arrêtent, se courbent vers la terre, et flattent des cardinaux qui passent, dressent la tête et protègent; enfin des mendians, qui, cherchant à tromper la pitié, ou à fatiguer la délicatesse, poursuivent les regards de nudités et de plaies. Cependant le signal de la marche est donné : voilà de sales pénitents qui défilent, et puis des moines sales, et puis des curés sales, et puis mille sales personnes du peuple, vêtues de sales soutannes, portant, chacune, un flambeau, et excitant par-tout, sur leur passage, par leur acoutrement grotesque, une risée universelle : enfin voici les prélats, les cardinaux et le pape. Le pape trouve, au bas de l'escalier d'une galerie, son état militaire qui le reçoit, et le S. Sacrement qui l'attend : soudain se fait, au son des trompettes, l'union des deux pouvoirs; le pape et le souverain se mêlent; la couronne et la thiare se confondent; le pontife-roi monte sur une estrade, s'asseoit devant le S. Sacrement, et, cependant, par sa posture, et la manière dont les ornemens sont arrangés, paroît être à genoux : une douzaine d'hommes robustes, cachés sous l'estrade, le portent : le pape s'avance ainsi, tenant le S. Sacrement entre ses mains, les yeux levés vers le ciel et remplis de larmes pieuses, vraiment majestueux et vénérable ; tandis que le peuple murmure : *Voyez comme le pape a bonne mine !* — Tout l'état militaire suit à pied ou à cheval. — La procession est rentrée. — Les mille flambeaux font une haie dans toute l'étendue de la nef et autour du grand autel : le pape descend, traverse, monte, dépose le S. Sacrement, se met à genoux, se lève, donne la bénédiction. — Tout est fini.

Une procession de ce genre, en France, a meilleure mine : le recueillement, du moins, l'accompagne et la pare. A peine ici rencontre-t-on, dans la foule des prélats et des cardinaux, quelques visages et quelques contenances, qui respirent et inspirent véritablement la religion. C'est que l'opinion n'élève, au milieu de ce peuple, aucun modèle de beau idéal, que l'imagination, la raison et le sentiment puissent étudier, sur lequel les sexes, les rangs, les classes puissent former leurs manières, leur conduite et leur langage.

Quel contraste de ces fêtes religieuses de Rome moderne, avec les fêtes religieuses de Rome antique, où des prêtres couronnés de lauriers, des prêtresses couronnées de mirthes, de jeunes vierges parées de fleurs, des augures, des flamines, des vestales, l'élite auguste ou brillante de la vieillesse et de la jeunesse des triomphateurs du monde, accompagnoient, en longues robes flottantes où brilloient l'or et la pourpre, au bruit des cistres, des clairons et des timbales, les statues solemnelles d'or ou d'ivoire, de Junon, de Cybèle, de Cérès, de Jupiter, qui, entourées des trophées et des dépouilles de l'Asie, portées sur des chars que traînoient des léopards et des lions, descendoient majestueusement du capitole, et suivies de la foule du peuple-roi où des rois étoient confondus, s'avançoient à travers les rues de la capitale de l'univers, sous les arcs triomphaux, devant les statues des grands hommes, devant les palais des Césars, ou au champ de Mars, ou au *forum*, ou au panthéon, et s'avançant ainsi, au milieu de tout l'éclat, de toute la magnificence et de toute la religion romaine, sembloient être les dieux eux-mêmes, dont elles étoient les images, descendant en personne de l'olympe sur la terre, et arrivant chez les hommes.

LETTRE XCII.

A Rome.

Je n'aime point les tableaux allégoriques; à moins que le voile ne soit transparent, et les ornemens peu nombreux (1). La vérité ne doit se cacher, qu'afin qu'on la remarque. Elle peut se parer quelquefois, mais en vierge modeste, et non en courtisanne ou en coquette, uniquement pour avertir ou arrêter le regard, et non pas pour le séduire.

Je viens de voir deux tableaux où ces conditions sont remplies.

Voici le premier.

---

(1) Cette idée a été très-heureusement rendue par M. Le Mierre, à qui la poésie doit tant de vers ingénieux et brillans.

« L'Allégorie habite un palais diaphane, »

Un vieillard, la tête affublée d'un bonnet noir, l'œil triste et sombre, compte des écus sur une table : à sa droite un homme mûr, le front couronné de lauriers, d'un air sérieux, lit et médite : à sa gauche, un jeune homme couvert d'un chapeau orné de plumes, pince, en souriant, de la guithare ; tandis que, devant eux, auprès d'une fenêtre, la tête nue, un enfant plein de grâces, entre ouvre, en riant, une cage, et appelle les oiseaux qui passent.

Ne venez-vous pas de voir les quatre âges de la vie de l'homme ?

Voici le second tableau, qui sert de pendant au premier.

Une petite fille, assise par terre, joue, d'un air très-sérieux, avec une poupée qu'elle déshabille ; tout auprès, une jeune beauté, debout, se regarde avec complaisance dans un miroir et se pare ; à ses côtés, coëffée et vêtue modestement, une femme d'un âge mûr, assise devant un métier, brode attentivement, mais sans se hâter, un canevas; plus loin, à moitié couchée dans un grand fauteuil, et auprès d'une cheminée, une vieille, le visage renfrogné, des lunettes et un livre sur les genoux, tousse et gronde.

Comment ne pas reconnoître-là les quatre âges de la vie de la femme ?

LETTRE XCIII.

A Naples.

Voir *Naples*, disent les Napolitains, *et puis mourir*. Et moi je dis : *voir Naples, et puis vivre*.

Devant Naples, et à dix-huit milles en mer, on apperçoit l'isle de Caprée. Affreux Tibère !

Deux chaînes de côteaux embrassent cette mer, et semblent aller joindre Caprée, pour fermer le passage aux vaisseaux.

Chacun de ces côteaux est également favorisé de la nature et des arts; si celui-ci étale *Portici, Herculanum, Pompeia*, une foule de maisons de campagne ; celui-là étale la belle promenade, et le beau quai de *Kiaia*, *la Villa Réale*, et une multitude de palais.

Sur l'un de ces côteaux, il est vrai, domine et fume le Vésuve; mais le laurier du tombeau de Virgile s'élève et verdit sur l'autre.

Ce château, qui s'avance au milieu de la mer, ces palais qui la bordent, ces côteaux qui la dominent, ce Vésuve, dont la réverbération l'enflamme, ces barques qui la sillonnent, ces vents qui la tourmentent, cette isle de Caprée, qui la termine, et enfin, ce brillant soleil, qui, tous les jours, pour aller d'un rivage à l'autre, passe... tout cela forme un tableau, une situation, un enchantement, qu'il est impossible de rendre.

J'arrive à Naples, et déjà je conçois que Virgile a composé, à Naples, ses *Géorgiques*; que des hommes sensibles et délicats, la comparant à une belle vierge, l'ont appellée *Parthenope*; je conçois, enfin, qu'ils lui ont donné le surnom d'oisive. Eh ! qu'y a-t-il à faire à Naples, si ce n'est de jouir et de vivre ?

LETTRE XCIV.

A Naples.

Le château *Capo-di-Monte* mérite moins sa réputation que son nom.

Il prend fantaisie, un jour, à je ne sais quel roi de Naples, de placer un château sur la crête de la montagne, à laquelle est adossé Naples. On creuse, on porte des pierres, on taille, on élève, on couvre. On apperçoit alors que tout ce vaste édifice pose entièrement sur une carrière ; et on a recours, pour le soutenir, à des travaux prodigieux. Enfin quand l'édifice peut tenir debout, on découvre qu'il n'y a point d'eaux aux environs ; point de chemin facile pour les voitures ; que le château est éloigné de tout. On l'abandonne. Seulement on jette dans les appartemens des poignées de livres ; on accroche aux murailles quelques centaines de tableaux; on établit un médaillier dans une salle; et voilà le château devenu musée. Vous riez ! Avez-vous fini le Louvre ?

Le château *Capo-di-Monte* ne mériteroit guère la peine que les étrangers sont obligés de prendre, pour obtenir la permission de le voir, sans la *Danaé* du Titien, et quelques tableaux du Corrège, qui les appellent.

Danaé est belle, il est vrai ; mais c'est toujours la même femme que le Titien nous présente, tantôt sous le nom de Vénus, tantôt sous le nom de Danaé, tantôt sous un autre nom. Le Titien n'avoit-il jamais vu qu'une femme, ou n'en avoit-il aimé qu'une ?

Quoi qu'il en soit, ce peintre me semble, jusqu'à présent, le seul qui ait vraiment peint la nature humaine ; les autres ne font que la dessiner, plus ou moins mal, et qu'enluminer leurs desseins.

Ce n'est pas l'imagination seule qui trouve, dans les tableaux du Titien, la nature humaine ; c'est l'œil lui-même : et l'œil n'a pas besoin, pour l'y trouver, d'être aidé par la mémoire, ou par l'habitude, car elle y est. L'imitation est tellement complette, qu'elle ne fait pas illusion.

Si ce savant pinceau, qui a réussi à faire la nature humaine, comme d'autres à faire le ciel ou l'eau, ou les fleurs, eût servi une imagination plus sensible, quels tableaux il eût enfantés ?

Mais le Titien saisissoit beaucoup mieux le corps, que l'ame. Il entendoit peu la langue des passions, et savoit mal la parler.

La nature avoit réservé ce don à l'incomparable Corrège. Le Corrège ! comme il entendoit particulièrement la tendresse ! C'est sur cette aimable affection qu'il versoit, pour ainsi dire, toutes les autres ; elle en étoit comme le fond. On diroit que tous les personnages, qu'il a introduits dans ses tableaux, ou aimoient, ou avoient aimé.

Avec quelle bonne foi rit cet enfant ! avec quelle vérité sourit cette jeune fille ! les joues et la bouche de cette charmante fille (regardez bien), s'épanouissent.

Sur ces fronts en repos, ne voyez-vous pas une ame tendre ? Sous ces traits en mouvement, ne suivez-vous pas une ame amoureuse ?

Je voudrois baiser ce joli enfant, et le prendre sur mes genoux.

Je ne sais par quel enchantement ,

le cœur s'attendrit devant les tableaux du Corrège ; il se remplit d'une douce complaisance. On rêve, en les quittant, aux objets qui nous sont chers.

Les autres peintres travaillent d'imagination, de raison, de mémoire, travaillent de tête. Le Corrège travailloit *de cœur*. Il ne composoit pas ; il exprimoit. Peindre, pour lui, c'étoit aimer.

Jamais je n'oublierai son charmant tableau de sainte Catherine, de la vierge, et de l'enfant Jésus.

Et peut-on oublier cette touchante fille ! Avec quelle complaisance tendre, mais respectueuse, elle implore le divin enfant ! On voit qu'elle le prie, uniquement pour la douceur de prier ; parce que prier, c'est aimer. Elle est bien volontairement à genoux ! C'est bien son cœur qui joint ses mains ! L'enfant regarde, en souriant, sa mère, qui regarde elle-même l'enfant, et lui sourit. Peut-on peindre, dans aucune langue, ces deux sourires?

A côté de cela, des batailles, des incendies, des orgies! Le regard passe avec dédain : il ne peut s'arrêter que devant la Madeleine du Guide, ou la Rachel de l'Albane.

Les beaux visages! Les beaux et célestes visages! Quelle virginité dans les yeux, sur les lèvres, et sur le front de la jeune Rachel! Il seroit dangereux pour l'innocence de voir, trop long-temps, ce portrait de l'innocence.

On voit, à côté, un amour du Guide, qui est nu, qui dort, qui est charmant; et tout au-près (suivant un usage des anciens), une tête de mort et des roses.

J'ai vu encore avec plaisir plusieurs tableaux du *Schidone*, élève du Corrège.

Ce peintre a montré, dans presque tous ses ouvrages, l'esprit de son maître, et dans quelques-uns, son ame.

Il s'en faut bien peu qu'il ne soit du Corrège, ce charmant tableau de la *charité*, par le Schidone.

Que de grace et de bonté dans la jeune femme, qui donne à ces pauvres enfans des morceaux de pain ! Quelle attention et quelle joie dans les enfans !

Je n'aime point la Vénus du Carrache ; je n'aime point sa mort de Tancrède ; je n'aime point son Armide et son Renaud. Le Carrache traite ces sujets en historien ; il falloit les traiter en poëte.

Il a eu beau mettre Vénus au milieu de tous les amours ; pas un seul ne l'accompagne.

Comme tout cela est matériel ! Il est des sujets qu'il ne faut presque pas penser, pour les bien rendre : il faut uniquement les rêver.

Voici plusieurs manuscrits, dignes, non pas d'être lus, mais d'être vus : un, entr'autres, contenant l'office de la vierge, écrit sur du vélin, et orné de copies, en miniature, des tableaux des plus grands maîtres. C'est l'ouvrage d'un certain *Clovio*. Rien de plus parfait que les vignettes. Vous cueilleriez ces fraises et ces roses, qui ont trois siècles : un enfant tâcheroit d'attraper ces papillons.

Ce manuscrit arabe est curieux : il est écrit sur des feuilles d'arbres.

Je n'ai point vu de bloc de cristal d'une grosseur si prodigieuse. Il étincelle des plus purs et des plus riches feux du soleil.

J'ai remarqué plusieurs instrumens de différens arts en usage à Otaïti ;

sur-tout une flûte, dont les Otaïtiens jouent avec le nez.

La collection des médailles, en cuivre et en or, est considérable. Elle vaut, dit-on, celle de Florence. Elle rassure l'imagination, ou plutôt la raison qui, de plus en plus, a de la peine à croire aux Grecs et aux Romains.

Je me suis plu à examiner ces médailles, à passer, entr'elles, les années qui les séparent. Ces médailles sont comme de petits points dans le temps, sur lesquels la mémoire se repose.

Une d'elles, sur-tout, est frappante : elle montre ce fameux Mithridate, que d'un corps prodigieux la nature avoit armé.

La collection des *Camées* n'a pas moins de prix. Ces Camées sont des miniatures parfaites. Mais comment la main de l'homme a-t-elle pu atteindre à tant de petitesse? Sur le plus petit de ces Camées, on voit Alexandre.

Enfin, j'ai encore parcouru, avec intérêt, une collection, en seize vol. in-fol., des dessins des plus grands peintres, d'esquisses et d'ébauches de leurs tableaux. On aime à voir, à examiner ces germes des productions du génie.

LETTRE XCV.

A Naples.

J'ai fait hier une promenade charmante.

J'ai d'abord été en pélerinage, sur la montagne de *Pausilippe*, au tombeau de Virgile.

Je l'ai trouvé tombant en ruines, enseveli parmi des ronces qui achèvent de le détruire.

Un laurier s'élève du milieu d'elles.

Je suis entré dans le tombeau; je m'y suis assis sur des fleurs; j'ai récité l'églogue de *Gallus*; j'ai lu le commencement du quatrième livre de l'Énéide; j'ai prononcé les noms de Didon et de Lycoris; j'ai coupé une branche de laurier; et, ensuite, je suis descendu, plein des sentimens que ce lieu doit faire éclore, dans toutes les ames, qui sont sensibles à la nature, à l'amour et à Virgile.

En continuant ma promenade, j'ai traversé la grote de Pausilippe, c'est-à-dire, un chemin de 500 toises, très-haut, très-large, creusé à travers la montagne, pour abréger la route de Naples à Pouzzol. Effort prodigieux de travail et de constance ! Ce chemin est pavé de laves : il est l'ouvrage des Romains.

Au sortir de la grote, je me suis avancé parmi des champs couverts de hauts peupliers, unis l'un à l'autre par des vignes, qui se suspendent à leurs fronts, sous lesquels croissent et passent, pour ainsi dire, tour-à-tour, dans la même année, trois ou quatre moissons différentes.

Tout-à-coup une montagne énorme

ouvre ses flancs ; et, au milieu de côteaux noirs de châtaigniers et d'arbres sombres, je trouve un vallon enchanteur.

Ici, sont les étuves sulphureuses de saint Germain ; là, des ruines de châteaux antiques ; plus loin, la célèbre grote du chien ; par-tout, des allées percées dans des bois d'une profondeur et d'une étendue immense ; enfin, au milieu du vallon, dans la bouche d'un volcan éteint, un lac ; le lac d'Agnano, dont la moitié est couronnée de deux rangs de hauts peupliers : le lac d'Agnano, qui roule les flots les plus purs, et que mille oiseaux aquatiques peuplent, animent, et sillonent sans cesse à l'envi.

J'entrai d'abord dans les étuves de saint Germain.

Dans une maison bâtie exprès, s'élèvent de la terre, en plusieurs endroits, des vapeurs de soufre, plus ou moins fortes. On reste au milieu de ces vapeurs, plus ou moins de temps, suivant le genre et le dégré de la maladie. C'est ainsi qu'on prend les bains secs. J'avois peine à respirer dans certaines chambres. La vapeur me brûloit la plante des pieds. Les murailles sont enduites de soufre.

À quelques pas de ces étuves, vous trouvez la grote du chien ; c'est une excavation dans le rocher, qui peut contenir trois personnes.

Mon guide avoit amené un chien. A peine eût-il ouvert la grote, que le malheureux voulut fuir. Mais son maître le prit par les quatre pates, et le coucha sur le côté. Au bout d'une seconde, la vapeur, qu'en cet endroit exhale la terre, commença à agir sur l'animal. Il enfla, se roidit, eut des convulsions : il avoit perdu le mouvement, il expiroit. On le traîne hors de la grote ; on l'expose au grand air. — Il court.

L'expérience du pistolet n'a pas réussi ; tiré à deux pouces de terre, il a parti ; ordinairement, à cette distance, il ne part pas.

En sortant de la grote, j'ai laissé mon escorte, et j'ai fait, seul, à pied, le tour du lac. Je me suis assis sur les bords ; j'ai regardé les flots ; en les regardant, j'ai rêvé.

J'ai été ému du contraste de ce calme heureux, de ce doux murmure, de ces ondulations insensibles des eaux du lac, avec l'agitation, avec les vagues, avec le bruissement de la mer, que je venois de quitter tout-à-l'heure.

Combien je me suis plu dans ce charmant vallon ! Le ciel étoit parfaitement beau ; quelques légers nuages, d'une teinte argentée, en adoucissoient l'azur. J'aimois à les voir passer sur ma tête. Aimable union des couleurs et de ces eaux, et de ce ciel, et de ces montagnes, et de ces rayons vifs du soleil couchant, qui étincelloient.

Je dirai aux cœurs mélancoliques et tendres, qui iront à Naples : « ne man-« quez pas d'aller vous asseoir sur les « bords du lac d'Agnano ».

LETTRE XCVI.

A Portici.

Il faut voir Portici, non pour le château du roi, qui n'a rien de bien important ni en architecture, ni en ornemens extérieurs; mais pour sa situation pittoresque.

Portici est assis sur Herculanum, au milieu des gazons et des fleurs, entre le Vésuve, qui, au-dessus de sa tête, fume, et la mer, qui, à ses pieds, bouillonne.

Herculanum, le Vésuve et la mer menacent tous les trois d'engloutir Portici; le Vésuve, dans ses laves; la mer, dans ses flots; Herculanum, au milieu de ses ruines.

Portici mérite encore d'être vu, pour

quelques statues de marbre, qui décorent son péristyle ; sur-tout pour les statues équestres des deux Balbus, monumens de la reconnoissance ou de la flaterie; car on a prostitué les statues dans tous les temps. Ce n'est pas que je sois aussi enthousiaste que beaucoup d'amateurs, de celle du fils ; il est placé naturellemens à cheval ; mais il a une figure ignoble ; mais il se tient en paysan ; mais le cheval, qui est de marbre, paroît de marbre.

Les objets les plus dignes de votre curiosité sont deux cabinets, l'un de peintures antiques, et l'autre de vases, d'instrumens et de statues, également antiques.

Un volume entier ne décriroit pas tout ce qui intéresse, dans le second de ces cabinets (1).

---

(1) M. le chevalier de Non, ci-devant chargé

Tout y est en effet, ou ingénieusement inventé, ou élégamment travaillé, ou formé de matières précieuses, et d'ailleurs antique et romain.

Les Romains avoient travaillé les lampes avec un soin singulier. Tous les ornemens, toutes les formes des lampes sont animés de figures d'hommes et d'animaux, dans la composition desquelles le goût s'est plu, ou l'imagination s'est jouée.

J'ai remarqué, entr'autres, celle-ci : à l'extrêmité d'une table de bronze, s'élève le tronc d'un vieil arbre ; il a déjà perdu ses feuilles, et il va perdre ses branches ; à toutes ces branches sont négligemment attachées, par des

---

des affaires de France à Naples, a fait aussi une collection très-précieuse de vases antiques. On connoît le goût, les talens et les connoissances de cet amateur des arts.

chaînes légères qui les suspendent à différentes hauteurs et à différens intervalles, sept à huit petites lampes de bronze, toutes variées dans leur volume et dans leurs formes, toutes cizelées avec un art, avec une élégance admirable.

Cette élégance et cet art ne se font pas moins admirer dans les candélâbres, dans les trépieds, dans les *lecti-sternium*; sur-tout dans un trépié, formé par trois satyres, qui portent, sur leur tête, une large cuvette ; ils respirent ; c'est avoir coulé la vie en bronze.

Voilà presque nos instrumens d'agriculture et de chirurgie. La nécessité a dicté, à peu près, les mêmes arts et les mêmes loix, par toute la terre.

Cette collection d'instrumens de chirurgie, d'agriculture, de cuisine, de musique, de guerre, de religion, offerts ensemble à l'imagination et à l'œil, présente un tableau bisarre.

La forme des vases, et particuliérement des coupes, est délicieuse : on veut y boire.

Je me suis assis dans une chaise curule.

Je n'avois jamais vu de *lacrymatoires*, de ces petites fioles, où l'on recueilloit les larmes qui avoient coulé sur les tombeaux. On les feroit aujourd'hui plus petites. Il vaut bien mieux n'en pas faire. Les Romains avoient outré tout ; la nature étoit pour eux trop étroite ; ils tâchoient d'en sortir de tous les côtés. L'idée de la conquête du monde, qui étoit la première idée romaine, avoit donné le ton à toutes les autres ; il falloit bien que toutes les autres fussent exagérées, pour être d'accord avec celle-là.

Qui ne seroit surpris, en parcourant les restes d'Herculanum, de rencontrer des œufs entièrement conservés, ainsi que du pain, du bled, de l'huile, du vin ; comme aussi des réchauts, avec leurs charbons et leurs cendres.

On est étonné et ravi, que quelque chose de si périssable ait échappé à tant de siècles, qui ont passé dans Herculanum.

On aime à voir un grain de bled triompher du temps, comme la statue de bronze, et partager, avec elle, l'éternité.

Mais ce qui frappe et étonne peut-être encore davantage, ce sont des manuscrits brûlés, qui gardent, dans cet état, les pensées qui leur ont été confiées. Le feu s'est arrêté à elles, et leur a laissé, tout juste, ce qu'il falloit de matière pour leur conserver l'existence.

Mais comment les tirer delà? Comment rétablir entr'elles la communication interrompue par le feu ?

Le moyen a été trouvé ; mais il exige une patience inimaginable, une dextérité extrême, et beaucoup d'années. On déroule insensiblement, avec une lenteur et une précaution infinie, chaque couche de cendre ; et à mesure qu'on la déroule, une feuille d'un papier, léger comme le souffle, la suit par derrière, la saisit, se l'applique, se l'attache : elle reçoit une ligne, et puis une autre ; quelquefois, au bout d'un mois, elle s'est emparée d'une page.

Quel soin pour empêcher que toutes ces cendres, quand on les remue, ne se confondent, et pour que ces signes de la pensée conservent entr'eux leur vraie place, qui fait toute leur existence !

La partie de ces manuscrits conservée

est celle qui a été brûlée; l'autre, que le feu n'a pas touchée, a péri.

On est parvenu à ressusciter un manuscrit grec sur la musique. L'opération eût pu être moins lente, mais elle dépend du gouvernement.

Les bustes et les statues de bronze sont la plupart du meilleur goût, et du plus beau travail. Rien n'est comparable sur-tout à un *Faune* qui dort. Il est véritablement endormi.

J'ai admiré aussi deux jeunes luteurs: ils sont tout nuds ; ils vont lutter; on a peur ; car on oublie qu'ils sont de bronze. J'ai été tenté de leur adresser ce vers de M. Roucher:

Pour des combats plus doux, l'Amour forma vos charmes.

Tous les appartemens du cabinet sont pavés de débris de mosaïque, trouvés dans Herculanum.

Je ne dois pas omettre un des monumens les plus curieux de ce cabinet célèbre; ce sont des fragmens d'un enduit de cendres, qui, lors d'une éruption du Vésuve, surprirent une femme, et l'enveloppèrent en entier. Ces cendres, pressées et durcies par le temps, autour de son corps, l'ont pris et moulé parfaitement. Plusieurs fragmens de cet enduit conservent l'empreinte des formes particulières qu'ils ont reçues. L'un possède la moitié du sein ; il est d'une beauté parfaite ; l'autre, une épaule ; l'autre, une portion de la taille : ils nous révèlent, de concert, que cette femme étoit jeune, qu'elle étoit grande, qu'elle étoit bien faite, et même qu'elle fuyoit en chemise : car des morceaux de linge sont attachés à la cendre.

LETTRE XCVII.

A Salerne.

La route de Pompéia à Salerne est délicieuse.

On marche d'abord sur une lave qui coula, il y a quelques années, depuis le sommet du Vésuve, jusqu'à la mer.

Ce n'est plus ensuite, de tous les côtés, sur-tout depuis un petit bourg, qu'on nomme *la Cave*, qu'une allée d'arbres qui serpente dans un pays enchanté.

Que ces montagnes sont vertes! Comme elles sont bien cultivées! Les charmantes maisons semées çà et là! Le voyageur ne peut s'empêcher de croire que c'est là qu'on est heureux: qu'on l'est du moins pendant l'été. On voudroit s'arrêter par-tout. Mille ruisseaux se cachent dans ces montagnes, et murmurent ; mille ruisseaux se montrent dans ces vallons, et murmurent : on n'entend que ruisseaux et qu'oiseaux. On respire, à midi, la fraîcheur du soir : l'été, ici, ne fait que passer.

Mais déjà j'apperçois Salerne.

A qui appartient cette jolie maison, située au haut de la montagne ? à des moines. Et celle-ci, sur le penchant ? à des moines. Et cette autre, au pied du côteau ? à des moines. — Les moines possèdent donc Salerne ?

Il y a dix couvens de Moines, cinq paroisses, un évêché, deux séminaires, un chapitre, et dix mille ames à Salerne : il y a tant de couvens dans la ville, qu'il n'y a pas un vaisseau dans le port.

Misérable ville, dévorée par des

insectes blancs, noirs, gris, rouges, de toutes les couleurs. Toutes les maisons en sont pleines. Le temps viendra où les Italiens, en se décrassant, secoueront aussi cette vermine.

Salerne n'offre aucun monument curieux : seulement la cathédrale est précédée d'un portique qui fait admirer des colonnes.

On admire encore, dans l'église, des bas-reliefs. L'un d'eux représente la mort d'Adonis : un Christ mourant n'est pas loin.

Les murs, qui environnent l'autel, sont chargés d'*ex-voto*, et de membres du corps humain, en cire, affectés chacun de la maladie dont l'*ex-voto* l'a guéri. On diroit qu'il y a eu là, pendant quelque-temps, une manufacture de miracles.

La manie d'avoir des coureurs s'est

étendue de Naples jusqu'à Salerne. J'ai vu deux misérables coureurs, devant un misérable carrosse, attelé à deux misérables chevaux, qui traînoient deux misérables gentilshommes.

La misère, fardée de luxe, est effroyable.

LETTRE XCVIII.

A Poestum.

Sur le fronton d'un temple.

Non, je ne suis point à *Pæstum*, dans une ville de Sybarites.

Jamais les Sybarites n'ont choisi, pour habitation, un si horrible désert, n'ont bâti de ville, au milieu des ronces, sur un sol aride, dans un lieu où le peu d'eau qu'on rencontre est croupissant et salé.

Menez-moi dans un de ces bosquets de roses, qui fleurissent encore dans les vers de Virgile (1). Montrez-moi des bains d'albâtre; montrez-moi des

---

(1) Biferique Rosaria Pœsti.

palais de marbre ; offrez-moi par-tout la volupté, l'élégance et l'amour ; et vous pourrez me faire croire alors que je suis à *Pæstum*

Il est pourtant vrai que ce sont les Sybarites qui ont bâti ces trois temples, dans l'un desquels j'écris cette lettre, assis sur le débris d'un fronton qui a vaincu deux mille ans.

Des Sybarites et des ouvrages de deux mille ans !

Comment donc des Sybarites ont-ils imaginé et mis debout des colonnes d'un nombre si prodigieux, d'une matière si vile, d'un travail si brut, d'une masse si lourde et d'une forme si monotone ?

Les colonnes grecques n'avoient pas coutume d'écraser le sol ; elles montoient avec légéreté dans les airs ; elles s'élançoient : celles-ci, au contraire, s'affaissent avec pesanteur sur la terre ;

elles tombent. Les colonnes grecques avoient une taille élégante et svelte, autour de laquelle le regard fuyoit toujours ; celles-ci ont une taille évasée et pesante, autour de laquelle les yeux ne sauroient tourner : nos crayons et nos burins, qui flattent tous les monumens, ont cherché vainement à l'amincir.

Je suis de l'avis de ceux qui pensent que ces temples sont les premiers essais de l'architecture grecque, et n'en sont pas les chefs-d'œuvres. Lorsqu'elle a construit ces piliers, elle cherchoit encore la colonne.

Cependant il faut convenir que, malgré leur rusticité, ces temples offrent des beautés ; ils offrent du moins la simplicité, l'unité, l'ensemble, qui sont les premières des beautés : l'imagination peut suppléer presque toutes les autres, elle ne peut suppléer celles-ci.

On ne pénètre pas dans ces lieux, sans émotion. J'avance à travers des campagnes désertes, dans un chemin affreux, loin de toutes traces humaines, au pied de montagnes décharnées, sur des rivages où la mer est seule; et tout-à-coup, voilà un temple, en voilà deux, en voilà trois : j'approche à travers les herbes, je monte sur le socle d'une colonne ou sur les débris d'un fronton; une nuée de corbeaux prend son vol : des vaches mugissent dans le fond d'un sanctuaire : la couleuvre, entre les colonnes et les ronces, siffle et s'échappe : cependant, un jeune pâtre, appuyé nonchalamment sur une corniche, remplit, des sons d'un chalumeau, le vaste silence de ce désert.

On peut juger combien cet endroit est sauvage : il n'y a pas quarante ans, qu'un chasseur, en suivant un sanglier, rencontra ces ruines ; il les trouva.

Aujourd'hui, Pœstum n'est, pour ainsi dire, habité que par des voyageurs françois, anglois, russes ; et non par des napolitains.

Le propriétaire du sol n'a pas été fort touché de la découverte : c'est un prince. Il a laissé ces temples à la destruction.

Quel dommage qu'il faille si-tôt quitter ces lieux ; qu'il faille déjà finir cette lettre ! Mais la chaleur est extrême; il n'y a d'abri nulle part. Je voudrois pourtant bien recueillir et remporter dans mon cœur toutes les sensations que je viens d'éprouver. — Qu'on me laisse puiser encore, dans cette solitude, dans ce désert, dans ces ruines, je ne sais quelle horreur, qui me charme. — Oui, j'aime à reculer de deux mille ans dans le passé, au milieu des ruines d'une ville grecque, et parmi les Sybarites.

LETTRE XCIX.

A Naples.

J'arrivai hier de Salerne, où j'avois été coucher, en quittant *Pœstum*.

J'ai fait toute cette course avec une célérité prodigieuse, dans un de ces cabriolets qui sont en si grand nombre à Naples. Il étoit traîné par un seul cheval. J'ai fait, en deux jours et demi, cent vingt milles.

Je me suis arrêté à Portici, pour voir le cabinet des peintures antiques, et le théâtre d'Herculanum.

Le Vésuve, dans une éruption, couvrit Herculanum, non seulement de cendres, comme Pompéia, mais de couches de laves très-épaisses. Herculanum est resté enseveli pendant seize siècles. Le hasard, qui, avec le génie, a seul le privilège de déchirer les voiles de la nature et du temps, l'a découvert.

Pour voir le théâtre d'Herculanum, il faut descendre, à la lueur d'un flambeau, sous une voûte humide. Il faut errer long-temps dans les corridors, dans les loges, dans les escaliers d'un amphithéâtre circulaire, dont la circonférence est immense.

On admire, en passant, la solidité et la masse de ce grand monument, bâti pour des milliers de siècles, mais non pas pour le Vésuve.

Après bien des détours, on arrive devant la scène : à chaque coin, on voit un piedestal, avec cette inscription :

Claudio et Papirio consulibus Herculanenses posuere post mortem.

C'est exactement l'inscription : *A Louis XIV*, *après sa mort.*

Le cabinet des peintures antiques, tirées des fouilles d'*Herculanum*, de *Pompéia* et de *Stabia*, est intéressant. Cependant ces peintures, les unes à fresque, les autres à l'huile, plusieurs incrustées dans le marbre, sont placées, ou dans un jour peu favorable, ou hors de la portée de l'œil, et échappent à l'admiration.

Les animaux sont rendus avec une élégance et une vérité qui étonnent. A-t-on cueilli ces fruits et ces fleurs ?

Les ornemens sont véritablement des ornemens : car, à peine, en sont-ils. On les prendroit, la plupart, pour des jeux du goût de Raphaël ; quelques-uns, pour des fantaisies de l'imagination chinoise.

J'ai remarqué un petit charriot traîné par deux abeilles : un papillon est assis sur le siége en cocher ; il tient les rênes avec ses pates.

J'en ai remarqué un autre traîné par un perroquet, et guidé par une cigale.

Un troisième chargé d'un aiguière entrelassée de roses, est conduit par deux petites sirènes.

Le pinceau a très-heureusement réalisé ces jolis rêves.

La plupart des grands tableaux sont aussi d'une composition grecque, c'est-à-dire fort simple, mais infiniment délicate. — C'est un centaure dompté par l'Amour. — Une nymphe qui cueille une fleur. — Une bacchante nue et jolie, couchée sur un monstre marin, à qui elle présente à boire. — Une dryade surprise dans le sommeil, et embrassée par un faune. — Un danseur qui, sur une corde, déploie toute l'adresse et toute la vigueur du corps de l'homme. — Une belle danseuse qui, sous le voile le plus transparent, développe toute la grace et toute la souplesse voluptueuse d'un corps de femme. — C'est encore le vieux Silène, élevant, entre ses bras, un petit enfant qui tend ses mains vers une grappe de raisin que lui présente, d'un air tendre, par-dessus la tête du vieillard, une fille charmante. — Enfin, un jeune homme, tandis que lui parle en souriant une jeune beauté, suit, d'un regard amoureux, sur ses lèvres, le sourire et la parole.

Chacun de ces tableaux, vous le voyez, n'est qu'une pensée, comme chaque ode d'Anacréon, qu'un sentiment.

LETTRE C.

Au sommet du Vésuve,

à la lueur d'une éruption, à minuit.

J'ai tracé ces deux lignes sur le sommet du Vésuve, à la lueur d'une éruption.

C'est comme une médaille que j'ai frappée, pour constater mon voyage; pour rappeller, un jour, à ceux de mes enfans qui viendroient assister aussi à cet admirable incendie, ce moment de la vie de leur père; pour embellir encore à leurs yeux, de ce souvenir, un tableau si magnifique.

Arrivé vers les six heures du soir à *Résina*, petit village au-delà de *Portici*, je quitte la voiture qui m'a conduit, et je monte sur un mulet. Trois hommes robustes m'accompagnent, avec une provision de flambeaux.

Je commence par monter, entre deux champs couverts de peupliers, de mûriers, de figuiers entrelacés de vignes souples et vigoureuses, qui tantôt s'appuient et se suspendent à ces arbres, tantôt, montent, et se soutiennent d'elles-mêmes au milieu des airs.

On me fit remarquer, en passant, la maison où Pergolèse vint essayer d'adoucir cette mélancolie si heureuse et si fatale, à laquelle il dut, à vingt-sept ans, son *stabat* immortel, et sa mort.

Après avoir traversé, pendant une heure, de beaux vergers, j'arrive à une *lave* immense.

Le Vésuve la vomit, dans une éruption, il y a environ soixante ans.

Elle fit pâlir toute la ville de Naples.

Mais après l'avoir menacée un moment, elle s'arrêta-là.

Quoiqu'arrêtée et éteinte, elle effraie encore, et menace.

Les bords de cette lave sont tapissés, comme les bords de la Seine, de gazons et de fleurs, et ombragés çà et là de jeunes arbustes, qu'une cendre féconde arrose, pour ainsi dire, et nourrit toujours.

Après avoir suivi quelque temps un sentier très-difficile, je me trouvai sur des rochers affreux, au milieu de la cendre mouvante.

Là, la terre cesse pour le pied des animaux, mais non pas pour celui de l'homme, qui a trouvé presque toutes les bornes que lui avoit prescrit la nature, et souvent les a franchies.

Là, il fallut gravir péniblement des monceaux de scories qui s'écrouloient sous mes pas.

Je m'arrêtai un moment pour contempler.

Devant moi, les ombres de la nuit et les nuages s'épaississoient de la fumée du volcan, et flottoient autour du mont; derrière moi, le soleil précipité au-delà des montagnes couvroit de ses rayons mourans, la côte de Pausilippe, Naples et la mer; tandis que, sur l'isle de Caprée, la lune à l'horison paroissoit; de sorte qu'en cet instant je voyois les flots de la mer étinceller à la fois, des clartés du soleil, de la lune, et du Vésuve. Le beau tableau !

Lorsque j'eus contemplé cette obscurité et cette splendeur, cette nature affreuse, stérile, abandonnée, et cette nature riante, animée, féconde, l'empire de la mort et celui de la vie, je me jettai à travers les nuages, et je continuai à gravir. — Je parviens enfin au Cratère.

C'est donc là ce formidable volcan qui brûle depuis tant de siècles, qui a submergé tant de cités, qui a consumé des peuples, qui menace à toute heure cette vaste contrée, cette Naples où, dans ce moment, on rit, on chante, on danse, on ne pense seulement pas à lui. Quelle lueur autour de ce cratère ! Quelle fournaise ardente au milieu ! D'abord, ce brûlant abîme gronde ; déjà il vomit dans les airs, avec un épouvantable fracas, à travers une pluie épaisse de cendre, une immense gerbe de feux : ce sont des millions d'étincelles ; ce sont des milliers de pierres, que leur couleur noire fait distinguer, qui sifflent, tombent, retombent, roulent : en voilà une qui roule à cent pas de moi. L'abîme tout-à-coup se referme ; puis tout-à-coup il se rouvre, et vomit encore un autre incendie : cependant la lave s'élève sur les bords du cratère ; elle se gonfle, elle bouillonne, coule.... et sillone, en longs ruisseaux de feu, les flancs noirs de la montagne.

J'étois vraiment en extase. Ce désert ! Cette hauteur ! Cette nuit ! Ce mont enflammé ! Et j'étois-là !

J'aurois voulu passer la nuit auprès de cet incendie, et voir le soleil, à son retour, l'éteindre de l'éclat de ses rayons éblouissans.

Mais le vent, qui souffloit avec impétuosité, m'avoit déjà glacé ; je descendis : avec quel chagrin ! il en coûte de détacher d'un pareil tableau, le regard qui sera le dernier !

Adieu Vésuve, adieu lave, adieu flamme dont resplendit et se couronne ce profond abîme ! adieu, enfin, mont si redoutable et si peu redouté ! Si tu dois submerger dans tes cendres, ou ces châteaux, ou ces villages, ou cette ville, que ce ne soit pas du moins dans le moment où mes enfans y seront!

Mes guides avoient allumé leurs flambeaux. Je descendis, ou plutôt je roulai, enfoncé dans la cendre jusqu'à mi-jambes : je roulai si vîte (on ne peut faire autrement), que je ne mis qu'une demi-heure à descendre un espace que j'avois mis plus de trois heures à gravir. Un de mes souliers, déchiré en mille pièces, m'abandonna à moitié chemin; l'autre, à l'endroit où j'avois quitté les mulets.

En descendant, je rencontrai des Anglois qui montoient au cratère : nous nous arrêtâmes; nous parlâmes du Vésuve; nous troublâmes un moment, de la clarté de nos flambeaux, la nuit étendue sur ce fleuve de lave, et, du son de nos voix, ce profond silence.

Nous nous dîmes adieu ; et je poursuivis ma route. Enfin, j'arrivai à Portici, bien harassé ; je me couchai en arrivant, et dormis d'un profond sommeil.

Mais, à six heures du matin, je me réveillai, en retrouvant le sommet du Vésuve, et son cratère, et son incendie et sa lave, devant mon imagination. Mon ame frémissoit encore de toutes les émotions qu'elle avoit éprouvées la veille.

L'éruption du Vésuve est un de ces spectacles, que ni le pinceau, ni la parole ne sauroient reproduire, et que la nature semble s'être réservé de montrer seule à l'admiration de l'homme, comme le lever du soleil, comme l'immensité des mers.

LETTRE CI.

A Naples.

Voici quelques apperçus sur les habitans du royaume de Naples.

La première chose qui m'a frappé, après avoir regardé l'espèce humaine, dans l'Italie, c'est que l'espèce humaine est presque la même dans tous les états civilisés, excepté pourtant en Angleterre, car elle y est libre. Elle est la même pour le fond; elle est aussi peu différente, dans les formes; seulement elle varie par des *plus* ou des *moins*, difficiles, à la vérité, à déterminer, à cause de l'imperfection des signes, et du défaut de mesures.

On ne réfléchit pas assez que la plupart des phrases faites, qui roulent depuis long-temps dans le commerce de la pensée, ne peuvent presque plus aller aux choses, tant les choses ont par-tout changé.

Les phrases usitées dans le langage d'une nation n'auroient pas moins besoin, que les monnoies, d'être de temps en temps refondues ; mais les grands écrivains et les philosophes, qui seuls possèdent le coin propre à les frapper, sont infiniment rares.

La population du royaume de Naples dans les endroits habités est prodigieuse ; c'est que le climat, le sol, la mer et les mœurs y sont naturellement très-féconds. On y vit à peu de frais ; on vit de peu ; on vit long-temps.

On vit à peu de frais : la chaleur du climat émousse singulièrement la faim, et, si elle aiguise la soif, elle multiplie en même-temps, les moyens de la satisfaire ; les Apenins désaltèrent le Napolitain de leurs neiges ; la mer le nourrit de ses poissons et de ses coquillages ; la cendre du Vésuve, de fruits et de bled : on est vêtu du climat.

On vit de peu ; en effet, point de travail, et beaucoup de sommeil.

On vit long-temps ; à Naples, la sobriété et le repos économisent singulièrement la vie. La vie s'use beaucoup plus vîte, en France, où, sans cesse, les travaux, les passions et la misère la fatiguent. D'ailleurs les maladies, ici, sont très-rares ; car le relâchement, causé par la chaleur, y prévient les maladies chroniques ; et la transpiration, causée également par la chaleur, y guérit les maladies aiguës : et puis, presque par-tout, des eaux thermales, et, presque nulle part, des médecins.

La végétation humaine a donc, à Naples, toute sa fécondité, toute sa vigueur et toute sa durée naturelle. Aussi l'abondance de la population est-elle extrême à Naples. On la voit. Par-tout, on fend la foule; par-tout, on craint d'écraser un enfant : les places, les rues, les boutiques, les maisons semblent inondées d'habitans.

Cette population, toujours courante, pour ainsi dire, à travers la ville, est continuellement sillonnée par une multitude de carrosses et sur-tout de petites calèches, qui ne vont pas, mais qui volent.

Cependant il arrive, dans les rues, fort peu d'accidents.

Le mouvement de la rue Saint-Honoré, à Paris, n'est pas comparable au mouvement de la rue de Tolède, à Naples.

Lorsque, le soir, vous allez dans la rue de Tolède, la multitude des flambeaux portés, par la multitude des coureurs, devant la multitude des voitures, vous présente l'aspect d'un grand convoi funèbre.

LETTRE CII.

A NAPLES.

Suite de la précédente.

Le climat a, ici, toute son influence; ici, règne, sans aucune contradiction, la législation du soleil : c'est-à-dire, un relâchement universel dans tous les rapports et dans toutes les parties de la vie ou civile, ou politique, ou naturelle.

Rien ne se fait, de tout ce qui ne peut se faire sans un certain degré de tension dans la fibre; comme il y a des voix, qui n'arrivent point à l'octave.

La religion n'est que de la superstition; elle est d'ailleurs très-commode. Dire qu'on a de la religion, c'est en avoir. Un quart du peuple se passe de la messe. On se met rarement à genoux dans les églises.

On n'y va, que lorsqu'il y a des illuminations et de la musique; lorsqu'il y a opéra dans les églises. Il est permis à tout le monde de parler, de prêcher, de déclamer hautement contre toutes les religions, et même contre la catholique. La religion va jusqu'à la superstition, mais non pas jusqu'au fanatisme; car le fanatisme est une vigueur. Le flambeau de la religion n'éclaire, ici, ni ne brûle.

Le sexe, à Naples, semble être dans le commerce. Les pères, les mères, les maris, les frères, les moines, tout le monde, hautement, en trafique.

On se trompe à Naples, avec une fourberie singulière, mais en riant.

Tout le commerce de la vie est, pour les Napolitains, un jeu *au plus fin*. Ailleurs, c'est un combat *au plus fort*.

On avoue ici qu'on a trompé, et on

s'en vante; comme on avoue et on se vante, ailleurs, qu'on a gagné.

Ce jeu ralentit prodigieusement la marche des affaires ; on y médite à chaque pas, comme, à chaque coup, aux échecs. Il se fait aussi très-peu d'affaires. Les promesses ne sont que des paroles ; on n'est lié que par des écrits, et chaque écrit recèle un procès.

La chicane, au reste, est une passion ; on l'aime, comme une sorte de jeu : on plaide, pour se désennuyer et pour tromper.

Nulle morale dans les idées, pas même dans les sentimens. La probité paroît aux Napolitains une duperie d'esprit ; la franchise, une vivacité de tempéramment : l'esprit est de tâcher de tromper ; l'habileté, de réussir : les vertus sont des impuissances ; les vices naissent du climat.

La sensibilité est machinale. A l'aspect de l'homme assassiné et de l'assassin, c'est par le premier que la pitié commence; mais elle passe, bientôt, au second.

La vengeance, ici, est de droit naturel; c'est la seule passion qu'on connoisse. La paresse exclut l'avarice. L'amour n'est qu'un besoin; une femme, n'est qu'un meuble; un amant, n'est que l'homme qui l'achète.

On n'aime pas ses enfans; mais ses petits : et cet amour-là va fort loin.

La débauche ne donne pas, par an, dans l'étendue du royaume, plus de mille enfans trouvés.

Très-souvent les époux, qui n'ont pu faire d'enfans, en vont prendre aux enfans trouvés; on leur en vend. D'abord, ils en font des jouets; ensuite, des esclaves; à la fin, des héritiers. La tendresse filiale n'est que de l'habitude;

l'amitié, que de l'espérance ; la reconnoissance, qu'un mot.

Le peu qu'on travaille, c'est pour parvenir à ne rien faire. Ne rien faire, est ici le bonheur.

Les cafés, les boutiques, les promenades, les lieux publics sont pleins dès le matin, et jusqu'à midi, de toutes sortes de gens, moines, abbés, militaires, qui lisent, en bâillant, la gazette, et regardent passer le monde.

Ne pouvant exciter en eux-mêmes des sensations par la pensée, les Napolitains demandent des sensations à tous les objets.

Il faut absolument les faire sentir, comme on fait marcher les enfans.

A midi, on va dîner. Peu de gens, comme on dit, *mettent la nappe*. Après que la vanité a bien fermé la maison, on mange un morceau dans un coin.

Quand l'estomach est rempli, on se se couche, on se couche tout nû : et, une heure avant la nuit, on se lève, on se r'habille, on retourne au café, ou bien l'on monte en voiture pour la promenade.

C'est dans ce moment que l'essain des coureurs prend l'essor, et remplit la ville. La profession, ici, de quinze mille personnes, c'est d'être devant un carosse; la profession de quinze mille autres, d'être derrière.

On va se promener au *Môle* ou à *Kiaia*, ou le long de la côte de Brésilique; jamais hors de Naples, jamais à pied. Un gentilhomme n'oseroit paroître le soir, dans les rues, à pied : il seroit déshonoré.

On reste à l'opéra ou à la promenade, ou à la taverne, ou à l'académie, jusqu'à cinq heures du matin.

Vous ne trouvez sur les visages, ni

joie, ni plaisir, ni contentement ; à la vérité, vous n'y trouvez point de peine.

Le souverain bien, comme je l'ai dit, c'est, pendant le jour, de ne rien faire ; le soir, c'est de respirer. Le soir, la la fièvre de la chaleur se relâche ; cela suffit au bien-être.

Peu de personnes savent jouir de la nature, qui est admirable ; on n'en a pas la force. La nature, ici, n'a pas d'amans. Le peuple entier est blasé. La plus grande partie du peuple ne travaille tout juste, qu'autant qu'il faut, pour ne pas mourir de faim. On appelle ces gens-là, *Lazaroni*.

Les Lazaroni ne font pas de classe à part ; il y en a dans tous les états : ce sont, tout simplement, des fainéans. Au reste, s'il travaillent moins, c'est qu'ils ont moins besoin de travailler pour vivre. Chez eux, ce n'est pas vice, c'est tempérance. Eh! quel homme travaille, sur la terre, si ce n'est pour ne plus travailler.

Quand un *Lazaroni* a gagné, pendant quelques heures, de quoi vivre pendant quelques jours, il se repose, ou se promène, ou se baigne : il vit.

Le sexe est très-laid à Naples. La beauté du sexe est une fleur, qui demande un air humide et un climat tempéré. Tous ces traits heureux que la nature semble avoir choisis, pour former la beauté, s'altèrent ici très-promptement, attaqués, à la fois, par le climat, l'éducation et les mœurs:

Au reste, ces mêmes influences, en ôtant la beauté aux femmes, semblent l'avoir transportée aux hommes : ils sont en général assez beaux.

LETTRE CIII.

A NAPLES.

Suite de la précédente.

Les beaux arts ne sont plus connus à Naples; si vous en exceptez pourtant la musique; car, dans un grand nombre de conservatoires, on travaille plus que jamais la voix; on la cultive à l'envi. Des loix, des bulles et la nature ont défendu, mais en vain, de pousser, par la castration, jusqu'au *si naturel*, la voix de l'homme : ce son là est ici payé si cher! ceux qui ont le bonheur de pouvoir le former, sont si honorés! Farinelli a gouverné les Espagnes.

Naples a encore de grands hommes; ce sont des Castrats.

Les arts méchaniques sont ici dans l'enfance.

Les arts méchaniques manquent ici des instrumens les plus communs aujourd'hui dans le reste de l'Europe. Ici on met huit jours à faire un ouvrage qui, en France, coûteroit une heure.

Le commerce, le service militaire, une grande partie de l'industrie et de la culture, sont dans la main des étrangers.

Cependant les nationaux commencent, depuis peu de temps, à s'en mêler. On attend, dans ce moment, le premier vaisseau qui ait jamais tenté d'aller s'approvisionner, directement dans nos ports, de sucre et d'indigo. Le capitaine de ce vaisseau sera, pour Naples, un Colomb.

Cette année a vu la première gazette napolitaine.

Mais, comment se fait-il qu'un petit

état puisse subsister, surchargé d'une extrême population, d'une nombreuse mendicité, d'une domesticité prodigieuse, d'un clergé séculier et régulier considérable, d'un militaire de plus de vingt mille hommes, d'un peuple de nobles, et d'une armée de trente mille gens de justice.

La mer, le climat et le sol résolvent ce problème : le climat, en réduisant tous les besoins; la mer, en apportant, de tous côtés, ses coquillages et ses poissons; le sol, en donnant quatre récoltes différentes.

Remuer un peu la terre, ou plutôt la cendre : c'est labourer.

Cette cendre est très-féconde au pied du Vésuve; elle le seroit bien davantage si elle étoit, non pas sollicitée, mais aidée!

Ce devroit être l'œuvre du gouvernement; mais il n'y est pas disposé. Loin de combattre la molesse des Napolitains, il la favorise au contraire.

Le climat sans doute pousse ici l'espèce humaine à la paresse; mais pas avec assez de violence, pour que des influences morales et politiques ne pussent la retenir et la repousser au travail.

On pourroit, par des moyens législatifs, tendre l'esprit.

On pourroit, par l'éducation et par des bains, neutraliser, pour ainsi dire, l'excès de la chaleur, comme les Romains l'avoient fait. Mais il n'y a pas même ici un seul bain public.

L'esprit n'est point rare à Naples : le climat lui est favorable, ainsi que la situation physique. Cette mer, cette terre, ce soleil, un regard d'Auguste, et la lecture d'Homère, ont produit l'Énéide.

Mais aujourd'hui, sur cent personnes,

deux tout au plus savent lire. Il existe des provinces entières, où il n'y a pas de maîtres d'école.

Le peu de littérature qui circule parmi un petit nombre de personnes, se borne à des traductions d'ouvrages françois. C'est nous qui, dans l'Italie, fournissons maintenant des modes aux femmes, et des opinions aux hommes. Tous nos grands écrivains sont connus, sont traduits et sont compilés.

J'ai trouvé l'ouvage de M. Necker dans la tête, dans l'estime et dans les entretiens de tout ce qui veut prendre la peine de penser, ou qui s'en est fait un besoin. On proclame ici M. Necker, comme le fera la postérité, *l'instituteur des assemblées provinciales en France.*

On parle sans cesse de Paris à Naples. Les François sont aujourd'hui les Grecs de l'univers : les Anglois en sont les

Romains. L'éloignement, l'imagination, et sur-tout le mécontentement, nous prêtent beaucoup d'avantages.

Mais tout ce que je viens de dire n'a lieu que dans une sphère très-peu nombreuse.

Disons encore un mot de la condition du peuple.

La misère ne fait point de mendians à Naples ; point de soldats ; peu d'enfans trouvés : la vie y est si facile ! elle y est si naturelle !

La misère commet ici très-peu de vols caractérisés, et très-peu d'assassinats.

La filouterie y est plus une tromperie qu'un vol. Quand le peuple en voit faire un, il rit, et il laisse faire.

La vengeance seule assassine.

La débauche fait plus partie de l'oisiveté que de la volupté. Il y a beaucoup de femmes publiques ; mais elles n'ont rien qui les distingue; elles sont mêlées dans leur sexe.

La débauche a moins de crimes et de malheurs à Naples que par-tout ailleurs: elle en a moins qu'à Paris. C'est qu'elle n'est à Naples ni une profession, ni un art.

On n'a encore, à Naples, rien épuré, rien dépravé, rien perfectionné. Les vices, les vertus, tout cela est brut encore, et sort, pour ainsi dire, tout-à-l'heure, du cœur humain.

Naples ne cherche encore les regards, ni de l'Europe, ni de l'avenir.

LETTRE CIV.

A NAPLES.

Suite de la précédente.

Le gouvernement est tel dans ce royaume, qu'il n'y est souvent qu'un désordre de plus.

L'autorité souveraine est encore incertaine, en grande partie, entre le roi, le pape et les barons, mais sur-tout entre les barons et le roi.

Le combat de ces petites forces individuelles des barons contre la force prépondérante du roi, n'est pas terminé encore.

Mais cela ne tardera pas. C'est le sort général de toutes les forces : dès qu'il en existe une qui domine, elle attire et dévore, à la longue, toutes les autres.

L'histoire de toutes les sociétés civilisées, n'est que l'histoire de ce phénomène, pour lequel, à la vérité, il faut plus ou moins de temps, suivant les éléméns primitifs de chaque société ; suivant que, dans ses commencemens, les forces y sont plus ou moins divisées ; car toutes les sociétés, à travers la démocratie, ou l'aristocratie, ou la monarchie, vont plus ou moins rapidement au despotisme, comme tous les fleuves, à travers les vallons, ou les côteaux, ou les montagnes, vont à la mer. .

Les barons peuvent encore faire emprisonner leurs vassaux, par des ordres qui portent cette clause : *Pour des causes à nous connues.*

Ils peuvent encore faire tuer, sous leurs yeux, leurs vassaux, impunément.

C'est sur-tout, en Sicile, que les barons sont tyrans.

Il n'y a pas un an qu'on y prêchoit, que les véritables souverains, c'étoient les barons : on prioit pour les barons à la messe.

Le marquis de Caracioli, vice-roi actuel, travaille avec succès, mais non sans danger et sans courage, à fondre le reste de la puissance des barons dans l'autorité souveraine.

Avec plus de fermeté ou plus d'adresse de la part du gouvernement, cela seroit déjà fait.

Le monarque désarmera les barons, quand il voudra, avec des cordons, des emplois, des pensions, et sans Richelieux : les barons viennent d'eux-mêmes à la cour. Il faudra, il est vrai, ruiner le peuple.

Mais quand l'autorité du monarque seroit devenue souveraine, en seroit-elle plus absolue ? Non, car elle est despotique.

Le roi, sans doute, peut déjà presque tout, pour opprimer et détruire ; car il a des troupes, et ses sujets sont des lâches : mais il ne peut encore presque rien, pour protéger et créer.

Je ne donnerai qu'une preuve de la lâcheté des Napolitains. Un de leurs vice-rois aimoit la chasse : pour le malheur des habitans de la petite isle *de Procida,* il vint des faisans dans cette isle : aussi-tôt une loi martiale ordonne aux habitans un massacre général de tous les chats. On tue. Les rats multiplièrent au point qu'ils attaquoient impunément les enfans dans leur berceau : ils rongeoient les nez et les oreilles de ces malheureux. Que firent alors les pères et les mères ? Les mères pleurèrent ; — et les maris ? — ils se plaignirent ! Voilà la lâcheté de ces hommes là. Heureusement, le vice-roi mourut : et dans l'isle de

Procida, il ne fut plus affreux d'être mère.

M. de ★★★, qui semble n'avoir voyagé que pour flatter, a dit que le vice-roi fut touché des larmes et des plaintes des habitans.

Cela n'est pas vrai : ils prioient dieu (c'étoit leur terme) d'amollir le cœur du vice-roi. Les lâches ! que n'endurcissoient-ils le leur ! ou plutôt, que ne l'avoient-ils plus tendre pour leurs enfans !

De quoi se plaignent les peuples, quand ils poussent plus loin la servitude, que les Princes, la tyrannie ?

LETTRE CV.

A NAPLES.

Suite de la précédente.

J'AI dit que le roi ne pouvoit encore rien, pour protéger et créer.

Que peut, en effet, un monarque avec des revenus très-modiques; avec un peuple ignorant; avec une nation dont la soumission est plutôt l'habitude de souffrir un maître, que la nécessité sentie d'avoir un roi ?

La soumission d'un tel peuple, n'étant que l'habitude de souffrir un maître, n'est aussi que l'habitude de souffrir de ce maître telle et telle chose : elle finit où il innove.

D'ailleurs, cette soumission du peuple étant moins une oppression, qu'une molesse, il ne faut pas que le roi la dérange.

L'opinion publique ici ne retient pas pour le mal, ne seconde pas pour le bien; il n'existe pas encore ici d'opinion publique. L'autorité ne contient qu'avec des bayonettes, ne paie qu'avec de l'or, ne punit qu'avec des supplices.

Enfin, le climat empêche toute tension dans les organes, toute énergie dans les desirs, toute suite dans les idées. Comment donc créer ou améliorer ?

Aussi a-t-on essayé, vainement, un grand nombre de changemens dans l'administration générale : les instrumens qu'on emploie, sont les premiers à la combattre. Le despotisme peut bien avoir des satellites, mais non pas des serviteurs.

Tout ce que l'autorité a pu faire jusqu'ici, en établissemens, elle l'a fait : elle en a créé les noms. Il n'y a pas de gouvernement, au monde, mieux organisé : .... sur l'almanach.

Naples n'a point encore de constitution, et n'en aura peut-être jamais. Tout l'ordre politique n'y est encore que de fait, ainsi que l'ordre civil; tous les deux, des conséquences du climat, de la fortune et de la position.

Le soleil veut un roi, à Naples, et peut-être même un despote.

Naples a toujours cédé à la force, de quelque côté qu'elle vînt. Mais il faut qu'elle soit présente, et qu'elle agisse immédiatement.

J'ai entendu féliciter le prince, de l'état des choses que je viens de tracer. Quel malheur pour les princes, ai-je dit, quand ils préfèrent une soumission de nécessité à une obéissance d'opinion; quand aucun corps politique ne contient, pour ainsi dire, l'autorité souveraine dans son orbite, et ne l'y retient. Les princes n'aiment pas les résistances; mais on ne peut, cependant, s'appuyer que sur quelque chose qui résiste.

Si l'autorité souveraine est foible, ici, pour faire le bien, elle est très-puissante pour faire le mal; elle exile; elle déposséde; elle impose à volonté. Que dis-je? Les impôts ne sont, ici, que des contributions; on les exige.

L'autorité ne laisse guères finir les procès; car qui peut tout, ne veut jamais rien.

Une chose, cependant, modère le despotisme des ordres; c'est la contrariété des ordres: au milieu d'eux on respire. Le roi, à force de parler, ne se fait plus entendre, et n'exécute rien, à force de commander.

Tous les ministres sont en guerre: chacun se sert du roi tour-à-tour; quelquefois ils se le prêtent.

LETTRE CVI.

A NAPLES.

Suite de la précédente.

Avec ce peuple, ces moyens et ces ministres, l'administration ne peut être que vicieuse.

Je me bornerai à dire, relativement aux affaires étrangères, que la politique de ce cabinet flote sans cesse entre l'Autriche et l'Espagne; elle incline du côté de l'Autriche.

Voulez-vous savoir le poids de la France à la cour de Naples?

Le roi et la reine viennent de faire un voyage en Toscane; ils se sont embarqués pour Livourne; il a été question de mettre des estampes dans la chambre du roi. Quelles estampes a-t-on choisies?

Celles qui représentent les avantages des Anglois, dans la dernière guerre, sur l'Espagne et sur la France........

Dépouiller les provinces et piller le trésor public : voilà, ici, comme dans beaucoup de pays, l'administration des finances.

Les commis composent avec les contrebandiers.

Quant à la marine ; la grande marine, ici, est inutile ; mais M....., qui est à la tête de ce département, voudroit pouvoir dire aux Anglois, comme, en France, le maréchal de Cas....., *notre marine;* et l'argent du trésor coule dans la mer.

On construit, dans ce moment, un vaisseau de quatre-vingts canons. Ce vaisseau touche à sa fin ; le port destiné à le recevoir est commencé.

Le département de la guerre est ruineux.

A Naples, une cour, un opéra, une armée! quel luxe!

Le commerce, du moins, est-il bien administré? J'ai tous les vices, dit publiquement l'abbé G.....; il faut donc que chacun d'eux soit payé; il me faut donc beaucoup d'or. L'abbé G..... est à la tête du département du commerce.

LETTRE CVII.

A NAPLES.

Suite de la précédente.

De toutes les parties de l'administration, la plus vicieuse, c'est, sans contredit, celle de la justice.

Il y a trop peu, ici, de ce qu'il y a beaucoup trop en France; de magistrats supérieurs.

Ils sont en tout vingt-un.

Ils forment cinq chambres, composées chacune de quatre membres, et présidées successivement par le chef.

Il y a en outre un premier tribunal, appellé la *vicairie*, et un tribunal suprême, appellé la chambre royale.

Les autres cours sont les tribunaux des barons.

La majeure partie des procès est obligée de parcourir six degrés de *juris-diction*, avant d'arriver au trône, qui les renvoie souvent errer encore devant les mêmes tribunaux.

Les magistrats vendent publiquement la justice : c'est que la cour les fait ; c'est que le roi les paie ; c'est qu'ils sont en petit nombre ; c'est qu'ils sont pris dans l'ordre des avocats, où ils étoient accoutumés à gagner beaucoup ; c'est qu'enfin (et cette raison est décisive), les ministres s'accomodent mieux de magistrats corrompus.

Nulle part, la magistrature souveraine n'est aussi généreuse, aussi honorable, aussi pure qu'elle l'est en France : nulle part, elle ne se sent davantage.

Mais, en France, la vénalité des charges ! me dit un avocat napolitain. — Malheur aux républiques, lui répondis-je, où les magistrats doivent être pris parmi les riches; et malheur aux monarchies, où ils peuvent être pris parmi les pauvres. Certes, avec des officiers roturiers et des magistrats pauvres, le monarque est bientôt un despote, et le despote, un tyran!

J'ai assisté à plusieurs jugemens. Cinq juges sont autour d'une table, dans une salle assez étroite; et des avocats crient.

Les juges, pendant ce temps, s'amusent à prendre, tour-à-tour, l'éventail, le mouchoir et le bouquet, qu'ils ont, chacun, devant eux.

Après que les avocats ont plaidé, un des juges fait le rapport du procès, à haute voix; mais les juges ne l'écoutent pas; car celui-ci ne se fait que pour la forme.

Dès qu'il est fini, on fait retirer le

public, et on recommence le rapport : les juges alors écoutent, et rendent ensuite un jugement, qu'ils se donnent d'autant moins la peine de mûrir, qu'il subira peut-être dix révisions.

Ces malheureux juges sont aux ordres de tous les ministres ; ils balaient toutes les anti-chambres ; ils passent leur vie à rendre compte de leurs jugemens : ils font pitié.

Ils ne font pas corps entr'eux ; mais c'est tout ce qu'il y a de bien dans la composition des tribunaux. On prend ordinairement les juges dans la dernière vieillesse, comme on les prend, ailleurs, dans l'enfance. Trois des cinq conseillers de la chambre royale ont, à présent quatre-vingts ans : l'un d'eux, quatre-vingt-quatorze.

Leur âge nuit nécessairement à la célérité de l'expédition : la multiplicité des formes y nuit aussi; mais rien n'y nuit davantage que l'incertitude d'une procédure, uniquement formée d'une jurisprudence douteuse, et des ordres arbitraires du roi.

Aussi, les gens de loi pullulent. On compte pour le seul royaume de Naples (la Sicile à part), c'est-à-dire, pour environ quatre millons de justiciables, près de trente mille avocats ou procureurs.

Il y en a qui gagnent cinquante mille livres par an, non par leur savoir et leur intégrité, mais par leur talent pour l'intrigue, et leur accès près des juges.

Les écrits que j'ai vu sortir de ce barreau, sont érudits et enflés. Nulle éloquence, car nulle vertu; et nulle vertu, car point de liberté. Ce n'est point le barreau de France.

Les procès sont innombrables, et durent souvent plusieurs siècles : ils finissent ordinairement, comme les incendies, par consumer les plaideurs.

Toute la noblesse cadette s'adonne au barreau : chaque famille noble a besoin d'un chevalier qui sache la chicane, pour la défendre en justice.

On ne peut rendre le vacarme qui règne dans les salles de la vicairie, tous les matins. Tous les gens de loi, sans exception, conseillers, greffiers, procureurs, avocats, y ont un établissement. L'antre de la chicane est là.

Les avocats du premier ordre, qui sont au nombre de quatre cents, ont une supériorité marquée. J'ai vu les autres, ainsi que les cliens, leur prendre la main et la baiser.

Ces avocats ont une censure, qui reçoit et proscrit, à volonté. Chose étrange ! le régime d'un ordre, chargé de défendre les citoyens contre l'oppression, est despotique; mais il n'est assurément pas sévère. Un avocat a eu l'audace de dire, dans un mémoire imprimé : *Eh ! ne sait-on pas que notre roi est un polichinel qui n'a pas de volonté !* Ce mémoire n'a pas même été attaqué.

La justice criminelle n'est pas mieux administrée que la justice civile.

On vend l'impunité.

On emprisonne beaucoup ; par conséquent, légèrement : mais soit corruption, soit indolence, soit esprit national, soit toutes ces raisons réunies, on ne punit que très-rarement, et presque jamais du dernier supplice. On compte dans ce royaume, par an, environ quatre à cinq mille assassinats, et deux à trois exécutions à mort.

Mais, en revanche, un supplice terrible, c'est la prison. Nul accusé n'en sort guère avant quatre ans ; les trois quarts y périssent ; le reste, que la longueur des procès et l'horreur des cachots n'ont pu consumer, la justice le rejette aux galères.

La loi exige l'aveu du coupable, pour autoriser une condamnation capitale ; mais tant qu'il n'a pas avoué, on l'enferme dans un cachot, où on les prive de toute lumière ; on lui ôte jusqu'à la paille ; le malheureux ne peut se coucher que sur la pierre, et ne vit que de pain et d'eau, si c'est là vivre.

Je me suis fait ouvrir un de ces tombeaux. Dans l'instant, trois ou quatre spectres, à longue barbe, les yeux caves, le visage hâve, le corps décharné, moitié nus, étonnés et éblouis d'un rayon de jour qui m'éclairoit à peine, se sont élancés sur le seuil. J'ai reculé d'effroi..... Une vapeur pestilentielle s'est exhalée; ils étoient ensevelis là, depuis plus de dix ans. — J'ai été tenté de leur crier : *vivez-vous?*

Un d'eux s'est avancé, d'un air furieux, et s'est écrié : *non; je n'ai point assassiné mon père*. Il avoit assassiné son père, mais il n'avoit pas avoué.

Dès qu'un malheureux est condamné au dernier supplice, on l'enferme, pendant trois jours de suite, avant l'exécution, dans une chapelle souterraine, entre un confesseur et des pénitens, en présence, pour ainsi dire, de sa mort: elle est bien longue! quel supplice! car la plus grande partie de la peine de mort, c'est de l'attendre (1).

---

(1) Cette réflexion semble contredire le *répit* d'un mois, pour les exécutions à mort ; mais, en respectant les intentions et l'opinion du gou-

L'hôpital est une des chambres de la prison : c'est encore un tombeau.

Il faut cependant rendre une justice aux loix de Naples ; elles donnent un défenseur aux accusés ; c'est un magistrat ; on l'appelle l'avocat des pauvres ; mais il ne communique qu'avec le procès, et non avec l'accusé ; il n'est pas non plus à son choix. Nulle part, la justice criminelle n'est entiérement généreuse. Que dis-je ? Souvent, dans ses duels avec les accusés, elle, qui punit l'assassinat, les assassine. Il est bien à desirer que par-tout on la réforme. Quels tyrans que les mauvaises loix ! et sur-tout, les mauvaises loix criminelles !

---

vernement sur cet objet, nous nous en rapportons à l'expérience, et nous lui soumettons nos craintes.

LETTRE CVIII.

A NAPLES.

Suite de la précédente.

Je n'ai point parlé, jusqu'ici, du gouvernement de la Sicile, qui est sous des loix, sous des mœurs, sous une administration absolument différente.

Cette belle partie de la domination du roi de Naples, où fleurit une population d'un million d'hommes, à qui la nature a prodigué ses trésors, qui nourrissoit autrefois les Romains, qui donna à Athènes, à Rome, à l'univers, tant de chefs-d'œuvres de tous les beaux arts, est abandonnée, depuis des siécles, à des vice-rois, et à l'Etna.

Cependant une intrigue de cour lui

a envoyé, depuis peu, pour vice-roi, le marquis de Carraccioli. Ce vice-roi attaque tous les abus, avec le fer, et ils n'en repoussent que plus vigoureux: il devroit se servir du temps; mais il est pressé de jouir; sa vice-royauté touche à sa fin.

Les Siciliens sont regardés, à Naples, comme des étrangers; à la cour, comme des ennemis.

On croit que les vexer, c'est les gouverner; on croit qu'il faut en faire des esclaves soumis, pour en faire des sujets fidèles.

En tout, la Sicile est regardée par le ministère, comme une excroissance incommode; la cour ne voit que Naples: les grandes capitales sont, au pied des trônes, comme de hautes montagnes, devant les provinces.

Mais comment, avec si peu de police, avec une si mauvaise législation, avec une administration pareille, les choses, à Naples, vont-elles encore ?

La nature humaine ne fait pas le mal, pour faire du mal, mais pour se procurer le bien ; or, dans ce royaume, le bien coûte moins de mal, que dans les autres pays : un bonheur négatif suffit, dans les pays chauds ; dans les climats tempérés, au contraire, le bonheur positif est nécessaire : dans les pays chauds, il suffit au desir du bien-être, de ne pas souffrir ; dans les pays tempérés, il lui faut encore du plaisir : et il est constant que la plus grande partie des délits graves est produite, non par la fuite de la douleur, mais par l'ambition du plaisir.

Voilà, en partie, ce qui concilie, dans ce royaume, le peu de police et le peu de désordre.

Le climat, à Naples, fait la police; comme, à Rome, le couteau; et l'espionage, à Paris.

Le roi, qui est la bonté même, s'attache, depuis peu, à bien gouverner.

La Reine passe pour avoir autant d'esprit que de graces; et elle a beaucoup de graces.

Si ces souverains ont commis des fautes, dans le commencement, ils ne sont que trop excusables; abandonnés, dès l'âge de quinze ans, à la jeunesse, et au trône : ils sortoient des mains de vieux ministres espagnols, qui leur apprenoient à jouer avec la couronne, et non pas à la porter; qui leur déroboient leur règne.

LETTRE CIX.

A Naples.

Je vais réunir, dans cette lettre, plusieurs objets isolés.

Comment pourrois-je omettre, par exemple, ces douze prophètes que l'Espagnolet a peints sur la voûte de l'église des chartreux, ou plutôt qu'il y a placés ; tant l'illusion est complette.

Quels beaux caractères de tête ! je crois avoir vu des prophètes.

Ces tableaux sont le chef-d'œuvre de ce grand peintre, et un des chefs-d'œuvres de la peinture. Le pinceau de l'Espagnolet est sévère et sombre, il est vrai ; mais il est très-vigoureux ; on voit qu'il a pris à tâche, comme celui du Carravage, d'effrayer et d'étonner l'œil par des contrastes, plutôt que de l'émouvoir ou de le flatter par des gradations et des nuances : il prodigue la lumière et l'ombre.

Le couvent des chartreux, si riche d'ailleurs, le seroit assez de ces douze tableaux. Le gouvernement paroît penser ainsi ; car il le met, de temps en temps, à contribution.

Pourquoi tant vanter ce tableau de Solimenès, qui représente Héliodore chassé du temple ? Il est immense ; car il occupe toute la largeur de la nef de l'église de *giesu nuovo* : mais que cette composition est confuse ! Nul choix, nul effet ; aucun intérêt : ce sont des figures et de la couleur.

Quelle épitaphe on a osé tracer, sur le tombeau de Sannazar, qui passa sa vie sur le parnasse, dans les cours, dans les camps, et mourut dans un couvent; qui composa, en vers empruntés, à Virgile, à Ovide, à Tibulle, un poëme sur l'enfantement de la vierge, et des poésies érotiques, vantées encore aujourd'hui, parce qu'on a cessé de les lire !

Da sacro cineri flores. Hic ille Maroni Sincerus (1) musâ, proximus ut tumulo.

Qui ? lui, Sannazar, aussi près de Virgile, par son tombeau, que par son poëme !

Voilà ce que fait la manie du bel esprit, et l'affectation de l'antithèse. Que de vérités elles immolent ! que de monstres elles accouplent ! Elles rapprochent Sannazar et Virgile.

Je vous parlerois des catacombes de Naples, si je ne vous avois parlé des catacombes de Rome. La sensation

---

(1) C'est le surnom de Sannazar.

qu'on y éprouve en fait tout le mérite. Ces lieux plairont toujours aux imaginations mélancoliques, qui aiment à s'approcher de la mort, et à en sentir les ténèbres.

Je ne peux vous rien dire de l'opération du miracle annuel de la liquéfaction du sang de saint Janvier ; elle ne se fait pas dans cette saison ; elle y est trop naturelle : je vous dirai, seulement, que ce miracle est, depuis peu de temps, discrédité : il cessera, dit-on, bientôt, tout à fait. Il n'y aura peut-être bientôt plus, dans tout l'univers, qu'un seul miracle : l'univers !

LETTRE CX.

A Naples.

IL a fait, hier, toute la journée, un temps affreux : je n'ai pu sortir.

Ne vous attendez donc à aucun détail sur Naples, ou ses environs; mais, pour vous en dédommager, autant qu'il dépend de moi, voici l'imitation d'une élégie de Tibulle, que j'ai finie hier.

C'est une espèce d'hymne, que ce poëte avoit composée, pour les *céréales*, ou fêtes de Cérès.

Tibulle suppose que le peuple est processionnellement en marche dans la campagne.

FÊTES CÉRÉALES.

Pasteurs, faites silence ; écoutez, tous, mes chants.
Le voici, l'heureux jour, où chaque dieu des champs
Attend, pour se montrer à nos travaux propice,
Le tribut annuel d'un pieux sacrifice.
Viens, Bacchus ; viens, Cérès ; venez tous deux, parés,
Bacchus, de pampres verds ; Cérès, d'épis dorés.
Laboureur, que le soc, en ce jour tutélaire,
Oisif dans tes sillons, fasse grace à la terre :
Que, libre en son étable, à l'abri des chaleurs,
Repose, en ruminant, le bœuf orné de fleurs :
Et toi-même, ô bergère ! en l'honneur de la fête,
Que le fuseau roulant, que l'aiguille s'arrête.
Soyons tout à Cérès : mais, loin d'elle, en ce jour,
Quiconque aura veillé dans les bras de l'Amour.
Cérès veut un cœur chaste ; elle veut des mains pures :
Cérès ne permet point de profanes parures.

Cependant, vers l'autel, où brille un feu sacré,
D'enfans ceints de festons, l'agneau marche entouré.
Nous voici, dieux des champs ! dieux ! voilà nos domaines !
Détournez les fléaux qui menacent nos plaines.
Que le froid aquilon, que l'Auster pluvieux,
N'offensent point la vigne et ses bourgeons frileux,

Ne la contraignent point à s'épuiser en larmes :
Que la jeune Pomone ose étaler ses charmes.
Daigne aider, ô Cérès ! ce tuyau foible encor,
A porter le poids mûr de ta couronne d'or :
Que ton pied triomphant tûe une herbe ennemie.
Oh ! puisse encor, le soir, au bord de la prairie,
La houlette indulgente, et le chien complaisant
Ne point hâter les pas de l'agneau languissant !
Nos vœux sont exaucés ! Au sein de la génisse,
La fibre prophétique annonce un ciel propice.
Je vous rends grace, ô dieux ! nos guerêts sont sauvés !
Amis, qu'à longs ruisseaux le vin coule... et buvez.
Le soir d'un jour de fête, un buveur qui chancelle,
N'offense point des dieux la bonté paternelle.
Buvez donc, buvez tous. Moi, je vais, dans mes vers,
Bénir les dieux des champs de leurs présens divers.

Chacun d'eux, à l'envi, de sa main fortunée,
Enrichit ou para le cercle de l'année.
Phœbus préside aux jours, Phœbé préside aux nuits :
Si Flore a soin des fleurs, Pomone a soin des fruits :
Palès règne aux vallons, et Cérès dans les plaines :
Bacchus aime à mûrir les grappes déjà pleines :
Chaque Faune a ses bois, chaque Nymphe a ses eaux :
Un dieu léger s'enfuit sur les légers ruisseaux.

Oui, l'homme doit aux dieux tous les biens de la vie:
Il leur doit de vingt arts la rivale industrie :
L'osier, avec le chaume, en cabanne tressé ;
Le fer, en soc tranchant, dans la terre enfoncé ;
Le tremblant charriot, qui, sur son axe, crie;
Et mille autres bienfaits que l'univers publie.
Déjà, de nos ayeux, le chêne nourricier,
N'offre plus qu'au vil porc un mets vil et grossier :
Un arbre, d'un autre arbre, adopte la famille :
Où croissoit le chardon, la rose s'ouvre et brille.
Tout prospère; tout rit. A travers le vallon,
L'eau court, en murmurant, abreuver le gazon.
L'été, lorsque son frère a perdu sa couronne,
Livre au fer recourbé des champs d'or qu'il moissonne :
Puis, des feux du soleil, le raisin tout brillant,
Promet au vendangeur un nectar pétillant.
Bacchus paroît : soudain, enluminé de lie,
Par des jeux, par la danse, égayant sa folie,
Le pâtre immole un bouc, qui lui-même, jadis,
Avoit servi de pâtre aux crédules brébis.
Pomone ensuite arrive, et riante et vermeille,
Aux pieds du sombre hiver épanche sa corbeille.

D'abord le laboureur, en traçant un sillon,
Pour charmer ses travaux, fredonna quelque son :

Bientôt, en temps réglés, la voix, avec aisance,
Modula des sons doux, frappa l'air en cadence :
Enfin, par sept tuyaux, qu'interrogent les doigts,
Le roseau fit entendre une seconde voix.
O jours heureux ! l'enfant, de couronnes rustiques,
L'enfant orne le front de ses lares antiques :
L'enfant, dans la prairie, en gardant les agneaux,
Façonna la houlette et creusa des pipeaux ;
Tandis qu'à ses côtés la bergère innocente
Soulagea la brébis de sa toison pesante.
Alors, tout s'empressa pour servir nos besoins :
Le sexe eut des travaux ; et l'enfance, des soins.
Du haut de la quenouille, alors, la laine humide,
Descendant lentement sous le doigt qui la guide,
Arrive, en fil léger, au fuseau qui l'attend ;
Le fuseau la rassemble, et s'enfuit en roulant.

C'est alors, nous dit-on, que l'Amour prit naissance.
Au milieu des troupeaux, il passa son enfance.
Un jour, il essaya (qu'il l'apprit aisément !)
A tendre l'arc léger qu'il tend incessamment.
D'abord, au fond des bois, sa flèche encor peu sûre
Poursuit les cerfs errans qu'il frappe à l'aventure :
Mais, voulant s'illustrer par de plus nobles coups,
Il quitta les forêts et vint vivre avec nous.

Il vise à tout moment au cœur léger des belles:
Ses traits les plus aigus, il les lance aux cruelles:
Et, s'il voit un héros que Mars n'a pu blesser,
D'un dard, enfant terrible, il aime à le percer.
C'est par son ordre encor, que la jeune Glicère,
Trompant furtivement le sommeil de sa mère,
D'un pied hardi d'amour, et de peur incertain,
Vers son amant, dans l'ombre, étudie un chemin:
Et qu'enfin le vieillard, au seuil d'une maîtresse,
Balbutie, en pleurant, sa dernière tendresse.
Malheur à ceux qu'Amour voit, d'un œil irrité!
Heureux celui qu'Amour, d'un sourire, a flatté!

Accours donc, dieu puissant! prends place à cette table,
Sans traits et sans flambeau, sans cet arc redoutable:
Nû, mais encore armé. Pasteurs, priez-le tous;
Tout haut, pour vos troupeaux, et puis, tout bas, pour vous:
Pour vous aussi, tout haut; car la flutte résonne,
Et la foule, en tumulte, autour de vous, bourdonne.
Dansez, chantez, buvez; hâtez-vous; Phœbé luit:
Des astres amoureux le chœur brillant la suit:
Et déjà le sommeil, les yeux clos, en silence,
Sur un songe appuyé, d'un pied douteux, s'avance.

LETTRE CXI.

A Naples.

J'ai vu, dans l'église de saint Janvier, le tombeau de ce malheureux André II, roi de Naples, fiancé, dès l'âge de sept ans, à Jeanne première, et victime, à dix huit, au milieu de sa cour, la veille de son couronnement, de la perfidie de sa jeune épouse, dont le crime fut conseillé par l'amour, hazardé par la jeunesse, excusé par la beauté, légitimé par la politique, et justifié, à prix d'or, par un pape; mais auquel jamais ne pardonna, ni la nature, ni la conscience, ni Louis II, roi de Hongrie, qui, pour venger son frère, accourut, du fond de l'Allemagne, un étendard noir à la main; et, pendant quarante ans, poursuivit, ou menaça, ou épia cette tête coupable, qui, enfin blanchie dans le malheur et le remords, tomba avec sa couronne, teinte encore du sang du premier de ses quatre époux, sous le fer de la vengeance.

Cet infortuné André II, fut assassiné à Averse, et jeté par une fenêtre. Sa nourrice chercha et découvrit son cadavre, au bout de trois jours. De concert avec un chanoine de l'église de saint Janvier, elle le transporta, la nuit, dans cette église, où le généreux prêtre, après l'avoir arrosé de larmes fidèles, l'inhuma furtivement, et lui fit ériger, dans la suite, à ses frais, ce monument mémorable.

Puisque je vous ai parlé de Jeanne première, et du tombeau de son époux, c'est le lieu de vous parler aussi de

Jeanne seconde, et du tombeau de son amant, que l'on voit dans l'église *san Giovani*; de ce Jean Caraccioli, dont la destinée fut presque semblable à celle du célèbre Essex. Jean Caraccioli eut, comme Essex, le malheur de plaire, jeune encore, à une reine déjà âgée; de vouloir se dédommager, par l'ambition, des ennuis d'un pareil nœud; de se fier trop à la dernière passion d'une femme, et d'insulter griévement une reine, en croyant ne quéreller qu'une maîtresse; et, comme Essex, il rougit aussi l'échaffaut d'un sang versé par l'ordre d'une amante, qui malheureusement pouvoit tout. Jeanne, de son côté, ainsi qu'Élisabeth, mourut, peu de temps après la mort de son amant, consumée d'amour et de regrets, devant cette tête adorée et sanglante, que nuit et jour elle voyoit.

En quittant ces tombeaux (c'étoit le soir), je fus me promener le long de la côte de Pausilippe, sur le bord de la mer, et je passai devant un antique palais de Jeanne, abandonné, aux flots qui le baignent, et au temps qui le détruit. Là, je m'arrêtai ; je m'assis sur une pierre ; et je me mis à écouter, au clair de la lune, le bruissement des vagues qui expiroient à mes pieds. Je ne saurois vous rendre quelle profonde et délicieuse mélancolie s'empara alors de moi : au souvenir de ces tombeaux, de ces amours royales et sanglantes, à ce nom tragique de Jeanne, à la vue de ce palais antique et désert, à ce clair de lune élizéen, à cette fraîcheur de la soirée, enfin à ce murmure des vagues qui accouroient vers moi, se brisoient, et retentissoient dans l'intérieur du palais, parmi ses ruines, mes yeux laissèrent échapper des larmes.

LETTRE CXII.

A Pompéia.

Je suis tout étonné de me promener de maisons en maisons, de temples en temples, de rues de rues, dans une ville bâtie, il y a deux mille ans, habitée par des Romains, exhumée par un roi de Naples, et parfaitement conservée; c'est-à-dire, à Pompéia.

Ses habitans dormoient. Tout-à-coup, un vent impétueux s'élève, détache une portion de la cendre qui couvroit le sommet du Vésuve, et la pousse en tourbillon dans les airs, sur Pompéia; elle fut ensevelie toute vivante, en un quart-d'heure, avec Herculanum, avec Sorente, avec une foule de villages et de villes; avec des milliers d'hommes, et Pline.

Quel réveil pour les habitans ! Ils maudirent sans doute mille fois, le Vésuve, et sa cendre, et sa lave. Hommes imprudens, qui avoient bâti Pompéia, au pied du Vésuve, sur sa lave et sur sa cendre !

En vérité, les hommes ressemblent aux fourmis, qui, après qu'un accident a détruit une de leurs fourmillières, le moment d'après, la refont.

La cendre couvrit Pompéia. Les descendans de ceux qui périrent dans cette cendre, y plantèrent de la vigne, des mûriers, des figuiers, des peupliers : les toits de cette ville étoient des vergers et des champs. Un jour on bêche, on enfonce la pioche plus avant ; quelque chose résiste ; c'étoit une ville : Pompéia.

Le roi de Naples ordonna de fouiller. Mais, soit mauvaise administration, soit indifférence des maîtres, soit qu'en effet l'air attaque et détruise ces ruines, aussi-tôt qu'il les a touchées, on n'est encore parvenu, depuis trente ans, qu'à exhumer un tiers de cette ville.

En arrivant à Pompéia, le premier objet qui se présente, c'est le quartier des soldats.

Figurez-vous un quarré long de bâtimens, qui renferme une foule de chambres isolées, et dont la façade s'appuie sur un portique, qui règne autour.

Ces colonnes sont cannelées, assez minces, peintes en rouge; elles font un joli effet.

J'ai visité plusieurs chambres. J'ai trouvé, dans l'une, un moulin, qui servoit aux soldats à moudre le bled pour faire du pain; dans celle-ci, un moulin, qui leur servoit à écraser les olives pour faire de l'huile. Le premier ressemble à nos moulins à café; le second est formé de deux meules, qu'on remue à la main, dans un vaste mortier, autour d'un noyau de fer.

J'ai vu, dans une autre chambre, des fers qui étoient encore attachés à la jambe d'un criminel; dans une autre, des monceaux d'ossemens ; dans une autre, un collier d'or.

En sortant du quartier des soldats, mon guide me mena dans la ville.

Comment appelle-t-on cette rue !

Il faudra bientôt refaire ce pavé.

Cette ornière que les charriots ont tracée, en roulant sur ces gros quartiers de laves, fera verser des voitures.

J'aime ces deux trotoirs, qui règnent le long des maisons.

Où sont donc allés tous les habitans ? On ne voit personne dans les boutiques !

personne dans la rue ! toutes les maisons sont ouvertes !

Commençons par visiter les maisons qui sont à droite.

Celle-ci n'est pas un édifice privé ; cette quantité prodigieuse d'instrumens de chirurgie atteste un monument analogue à leur objet. C'est sûrement une école de chirurgie.

Ces maisons sont bien petites, elles sont bien mal distribuées, tous les appartemens sont isolés ; mais aussi, quelle propreté ! quelle élégance ! Dans chacune, un portique intérieur, un pavé en mosaïque, une colonnade quarrée, et au milieu, une citerne, pour recueillir l'eau qui découle des toits ; dans chacune, des thermes, des étuves, et partout des peintures à fresque, du meilleur goût, sur les fonds les plus agréables.

Raphaël est-il venu copier ici ses arabesques ?

Passons de l'autre côté de la rue. Ces maisons-ci ont trois étages. Elles sont appuyées sur la lave, qui a formé ici comme une montagne, au penchant de laquelle on a bâti. Le troisieme donne en haut sur une rue, et le premier donne, en bas, sur un jardin. Descendons par cet escalier. Cette colonade autour du jardin est agréable ; on peut s'y promener pendant le soleil ; on peut s'y promener pendant la pluie.

Qu'est-ce que j'apperçois dans cette chambre ? Ce sont dix têtes de morts. Les malheureux se sauvèrent ici, où ils ne purent être sauvés. Cette tête est celle d'un jeune enfant : son père et sa mère sont donc là ?

Remontons : le cœur, ici, n'est pas à son aise.

Entrons un moment dans le temple, puisqu'on la laissé ouvert. Quel est ce dieu, dans le fond de cette niche ? C'est le dieu du silence, qui, d'un signe de doigt, le commande, en montrant la déesse Isis dans le fond du *sacrarium*.

Le parvis offre trois autels. C'est ici qu'on égorgeoit la victime ; le sang couloit par cette rigole : il alloit se rendre au milieu, dans ce bassin, d'où il tomboit sur la tête des prêtres. Cette petite chambre, auprès de cet autel, c'est sans doute la sacristie. Les prêtres se purifioient dans cette baignoire. Montons à présent au sanctuaire ; il est bien étroit. Combien de colonnes ? Six. Elles sont petites. Ce fronton est élégant. Pourquoi ces deux portes, aux deux coins de l'autel ? J'entends ! C'est par-là que les imposteurs se glissoient, pour aller, entre l'autel et la muraille, faire parler la divinité. On t'a donc toujours trompé, pauvre peuple. Viens voir comme ils ont soupé hier à tes dépens. Le couvert n'est pas encore ôté; ils ont mangé des œufs frais; ils ont bu de bon vin.

Voici des inscriptions : *Popidi ambleati, Corelia celsa*. C'est un monument érigé à la mémoire de ceux qui ont fait du bien à Isis, c'est-à-dire, à ses prêtres ; ces prêtres les appellent *pieux*, singulier synonyme de *dupes*.

En sortant du temple d'*Isis*, je passe devant..... Puisque je n'achève pas, vous le devinez.

Le temple de Priape est tout près du temple d'Isis.

Les anciens avoient, sur cet objet,

d'autres opinions, et par conséquent, d'autres mœurs.

Je ne dois pas être loin de la maison de campagne d'*Aufidius* ; car voilà les portes de la ville. Voilà le tombeau de la famille de *Diomède*. Reposons-nous un moment sous ces portiques, où les philosophes venoient s'asseoir.

On ne m'a pas trompé. La maison de campagne d'*Aufidius* est charmante ; les peintures à fresque sont délicieuses. Que ces fonds bleus sont piquans ! Avec quelle économie, et par conséquent quel goût, on a distribué les figures dans les paneaux ! Flore elle-même a tressé cette guirlande. Mais qui a peint cette Vénus ? cet *Adonis* ? dans ce bain, ce jeune Narcisse ? ici, ce charmant Mercure ? Il n'y a pas huit jours, sans doute, qu'on les a peints.

J'aime ce portique autour du jardin ;

et autour du portique, cette cave quarrée et couverte. Est-ce du Falerne, que renferment ces *amphores*? Combien le vin a-t-il de consuls?

Il est tard. Voici l'heure du spectacle : allons au théâtre couvert; il est fermé. Allons au théâtre découvert; il est fermé.

Je ne sais si je vous ai donné une idée de Pompéia.

LETTRE CXIII.

A Naples.

Quel dommage que ce pays soit si mal administré !

C'est le cri qu'on ne peut s'empêcher de pousser, quand on embrasse ce pays, d'un regard, du haut des montagnes qui le couronnent, soit du sommet du Pausilippe, soit de la cime du Vésuve, soit de la maison des Yéronimites à Renella, soit du couvent des chartreux.

C'est dans ce couvent que fut dit un mot bien profond. Un voyageur, à l'aspect de cette vue magnifique, s'écria, devant un chartreux : *le bonheur est ici ! oui*, repartit le solitaire, *pour ceux qui passent.*

Je préfère la vue qu'on découvre à

Renella : quel tableau ! il est digne du pinceau des Vernets, des Roberts, des Delilles, des Rouchers et des Saint-Pierres : des rivières, des vallons, des forêts, des montagnes, des côteaux, des volcans et la mer, la ville où naquit le Tasse, la ville où mourut Virgile.

Réunion admirable des couleurs, les plus fraîches, les plus vives et les plus belles, avec lesquelles la nature peint l'univers ! de l'or le plus étincelant des astres, de l'émail le plus animé des fleurs, des flammes les plus ardentes des volcans, des flots les plus azurés des mers, du bleu le plus sombre des cieux, des rayons les plus purs du soleil ! Joignez à ce tableau tout ce que les heures y ajoutent, ou en retranchent, lorsque, dans leur fuite légère, elles traversent cette belle contrée; toutes ces ombres, toutes ces clartés, toutes ces nuances, en un mot, dont chacune d'elles, prenant, à son tour, le pinceau de la nature, touche et modifie le globe. Quelles matinées fraîches! quels midis brillans! quels soirs calmes et silencieux! enfin quelles nuits amoureuses!

LETTRE CXIV.

A Naples.

A mon Fils.

Dans mon avant dernière lettre à votre mère, mon cher Charles, j'ai dit un mot de la mort de Pline l'ancien; c'est-à-dire, du premier Buffon. J'imagine que ce mot aura éveillé votre intérêt et votre curiosité, mais sans les satisfaire ni l'un, ni l'autre. Si vous étiez un peu plus versé dans l'étude de la langue latine, je vous inviterois à les satisfaire vous-même, en lisant deux lettres de Pline le jeune, à Tacite, sur ce funeste événement. Mais puisque cette entreprise, mon cher fils, seroit encore au-dessus de vos forces, c'est à moi à vous suppléer.

Voici donc, en abrégé, le récit de Pline.

Pénétrez-vous d'abord, mon cher Charles, de tout l'intérêt que renferme une lettre, où le panégiriste de Trajan raconte à l'historien Tacite la mort du grand philosophe Pline victime, au commencement du règne de Titus, de la première éruption du Vésuve (1).

« Vous me demandez des détails sur
» la mort de mon oncle, afin de pou-
» voir, dites-vous, la transmettre toute
» entière à l'avenir. Je vous rends graces
» de votre intention. Sans doute le sou-
» venir éternel d'un fléau, par lequel
» mon oncle a péri avec des peuples,
» promettoit à son nom l'immortalité ;
» sans doute ses ouvrages aussi l'en
» flattoient. Mais une ligne de Tacite
» la lui assure. Heureux celui à qui les
» dieux ont accordé de faire des choses
» digne d'être écrites, ou d'en écrire de

(1) Première éruption connue.

» dignes d'être lues. Plus heureux celui
» qui en obtient à la fois ces deux fa-
» veurs. Tel a été le sort de mon oncle.
» J'obéis donc avec empressement à vos
» ordres, que j'aurois sollicités.

» Mon oncle étoit à Misène, où il
» il commandoit la flotte.

» Le 23 d'Août, une heure environ
» après midi, comme il étoit sur son lit,
» occupé à étudier, après avoir, suivant
» sa coutume, dormi un moment au
» soleil et bu de l'eau froide, ma mère
» monte à sa chambre. Elle lui annonce
» qu'il s'élève dans le ciel un nuage d'une
» grandeur et d'une figure extraordi-
» naires. Mon oncle se lève : il examine
» le prodige : mais sans pouvoir recon-
» noître, à cause de la distance, que ce
» nuage montoit du Vésuve. Il ressem-
» bloit à un grand pin : il en avoit la
» cime ; il en avoit les branches. Sans

» doute un vent souterrain le poussoit
» avec impétuosité, et le soutenoit dans
» les airs. Il paroissoit tantôt blanc,
» tantôt noir, tantôt de diverses cou-
» leurs, suivant qu'il étoit plus ou moins
» chargé ou de cailloux ou de cendres.

» Mon oncle fut étonné : il crut ce
» phénomène digne d'être examiné de
» près. Vîte une galère, dit-il : et il
» m'invite à le suivre. J'aimai mieux
» rester pour étudier. Mon oncle sort
» donc seul, et ses tablettes à la main;
» il s'embarque.

» Cependant je continuai à étudier.
» Je prends le bain; je me couche; mais
» je ne pouvois dormir. Le tremblement
» de terre, qui, depuis plusieurs jours,
» agitoit aux environs tous les bourgs
» et les villes même, augmentoit à tout
» moment. Je me lève pour aller éveil-
» ler ma mère; ma mère entre soudain

» dans ma chambre pour m'éveiller.

» Nous descendîmes dans la cour.
» Nous nous assîmes. Pour ne pas perdre
» mon temps, je me fis apporter Tite-
» Live. Je lis ! je médite, j'extrais, comme
» j'aurois fait dans ma chambre. Étoit-ce
» fermeté ? Étoit-ce imprudence ? Je
» l'ignore : j'étois si jeune (1)! Dans le
» moment arrive un ami de mon oncle,
» parti nouvellement d'Espagne pour le
» voir. Il reproche à ma mère sa sécu-
» rité ; à moi, mon audace. Je ne levai
» seulement pas les yeux de dessus mon
» livre. Cependant les maisons chancel-
» loient à un tel point, que nous résolûmes
» de quitter Misène. Le peuple épouvanté
» nous suivit ; car la frayeur imite quel-
» quefois la prudence. «

» Sortis de la ville, nous nous arrê-

―――――――――――――――

(1) Il n'avoit alors que 18 ans.

» tons. Nouveaux prodiges, nouvelles
» terreurs. Le rivage, qui s'élargissoit
» sans cesse, couvert de poissons de-
» meurés à sec, s'agitoit à tout moment
» et repoussoit fort loin la mer irritée
» qui retomboit sur elle-même; tandis
» que devant nous, s'avance, des bornes
» de l'horison, un nuage noir chargé de
» feux sombres, qui incessamment le
» déchirent et jaillissent en larges éclairs.

» L'ami de mon oncle revient alors
» à la charge. Sauvez-vous, nous dit-il,
» c'est la volonté de votre oncle, s'il
» est vivant; et son vœu, s'il est mort.
» —Nous ignorons le sort de mon oncle,
» répondîmes-nous, et nous nous inquié-
» terions du nôtre! — A ces mots l'Espa-
» gnol part.

» Dans l'instant la nue s'abat des
» cieux sur la mer, et l'enveloppe; elle
» nous dérobe l'isle de Caprée et le pro-

» montoire de Misène. Sauves-toi, mon
» cher fils, s'écrie ma mère ; sauves-toi ;
» tu le dois, et tu le peux, car tu es
» jeune : mais moi, chargée d'embon-
» point et d'années, pourvu que je ne
» sois pas cause de ta mort, je meurs
» contente — Ma mère, point de salut
» pour moi qu'avec vous. — Je prends
» ma mère par la main, et je l'entraîne.
» — O mon fils ! disoit-elle en pleurant,
» je te retarde !

» Déjà la cendre commençoit à tom-
» ber ; je tourne la tête : une épaisse
» fumée, qui inondoit la terre comme un
» torrent, se précipitoit vers nous. — Ma
» mère, quittons le grand chemin ; la
» foule va nous étouffer dans ces ténèbres
» qui accourent. A peine avions-nous
» quitté le grand chemin, il étoit nuit ;
» la nuit la plus noire. Alors ce ne
» furent plus que plaintes de femmes,

» que gémissemens d'enfans, que cris
» d'hommes. On entendoit à travers les
» sanglots et avec les divers accens de
» la douleur, — *mon père! — mon fils!*
» *— ma femme!* — on ne se reconnois-
» soit qu'à la voix. Celui-ci déploroit
» sa destinée ; celui-là, le sort de ses
» proches ; les uns imploroient les dieux ;
» les autres cessoient d'y croire : plusieurs
» appelloient la mort même contre la
» mort. On disoit que l'on étoit, mainte-
» nant, enseveli avec le monde dans la
» dernière des nuits, dans celle qui de-
» voit être éternelle : — Et au milieu de
» tout cela, que de récits funestes! que
» de terreurs imaginaires! la frayeur
» outroit tout, et croyoit tout.

» Cependant une lueur perce les té
» nèbres ; c'étoit l'incendie qui appro-
» choit ; mais il s'arrête ; s'éteint ; la nuit
» redouble, et avec la nuit, la pluie de

» cendres et de pierres. Nous étions obli-
» gés de nous lever, de moment en
» moment, pour secouer nos habits. Le
» dirai-je ? Au milieu de cette scène
» d'horreur, il ne m'échappa pas une
» plainte. Je me consolois de mourir,
» dans cette pensée, l'*univers meurt.*

» Enfin, cette épaisse et noire va-
» peur peu à peu se dissipe et s'évapore.
» Le jour ressuscite; même le soleil : mais
» terne et jaunâtre; tel qu'il se montre
» ordinairement dans une éclipse. Quel
» spectacle s'offrit alors à nos regards
» encore incertains et troublés ! Toute
» la terre étoit ensevelie sous la cendre,
» comme elle l'est, en hiver, sous la
» neige. Le chemin étoit perdu. On
» cherche Misène ; on le retrouve ; on
» y retourne ; on le reprend ; car on
» l'avoit en quelque sorte abandonné.
» Nous reçûmes, bientôt après, des nou-

» velles de mon oncle. Hélas ! nous avions
» toute raison d'en être inquiets !

» Je vous ai dit, qu'après nous avoir
» quitté à Misène, il étoit monté sur
» une galère. Il dirigea sa route vers
» *Rétine*, et les autres bourgs menacés.
» Tout le monde en fuyoit ; il y entre.
» Au milieu de la confusion générale,
» il observe attentivement la nue : il en
» suit tous les phénomènes, et, à mesure,
» il dictoit. Mais déjà une cendre épaisse
» et brûlante s'abattoit sur sa galère ;
» déjà des pierres tomboient à l'entour ;
» déjà le rivage étoit comblé de quartiers
» entiers de montagne. Mon oncle hésite
» s'il retournera sur ses pas, ou s'il
» gagnera la pleine mer. *La fortune*
» *seconde le courage* (s'écrie-t-il), *tour-*
» *nez vers Pomponianus*. Pomponianus
» étoit à Stabie. Mon oncle le trouve
» tout tremblant : il l'embrasse, l'encou-

» rage, et, pour rassurer son ami par
» sa sécurité, il demande un bain, se
» met ensuite à table, et soupe gaiment;
» ou du moins, ce qui ne prouveroit
» pas moins de caractère, avec toutes
» les apparences de la gaité.

» Cependant le vésuve s'enflammoit
» de toutes parts, dans la profondeur
» des ténèbres. *Ce sont des villages*
» *abandonnés qui brulent*, disoit mon
» oncle à la foule, pour tâcher de la
» rassurer. Ensuite il se couche; il s'en-
» dort. Il dormoit du sommeil le plus
» profond, lorsque la cour de la maison
» commença à se remplir de cendres :
» toutes les issues s'obstruoient. On court
» à lui; il fallut l'éveiller. Il se lève; il
» rejoint Pomponianus, et délibère avec
» lui et sa suite sur le parti qu'il faut
» prendre. Resteront-ils dans la maison ?
» Fuiront-ils dans la campagne ? S'ils

» restent, comment échapper à la terre
» qui s'entr'ouvre ? et s'ils fuient, aux
» pierres qui tombent ? On choisit le
» dernier parti, la foule persuadée par
» la crainte, mon oncle convaincu par
» la raison.

» On sort donc à l'instant de la ville,
» et, pour toute précaution, on se cou-
» vre la tête d'oreillers. Le jour recom-
» mençoit par-tout ailleurs ; mais là,
» continuoit la nuit; nuit horrible ! la
» nue en feu l'éclairoit. Mon oncle
» voulut s'approcher du rivage, malgré
» la mer qui étoit encore grosse. Il
» descend ; boit de l'eau ; fait étendre
» un drap, et se couche. Tout-à-coup
» des flammes ardentes, précédées d'une
» odeur de souffre, brillent, et font
» fuir au loin tout le monde. Mon oncle,
» soutenu par deux esclaves, se lève ;
» mais soudain, suffoqué par la vapeur,

» il tombe : — et Pline est mort.....

Mon fils, la veille de cette éruption, des naturalistes agitoient, sur le sommet du vésuve, en s'y promenant parmi les fleurs, si ce mont étoit un volcan.

Quel récit, mon cher Charles ! il vous montre tout-à-la-fois, la première éruption connue du vésuve, une des scènes les plus lamentables, une des morts les plus malheureuses, une des passions de connoître les plus intrépides, un des plus beaux esprits de l'antiquité; et il pourroit vous apprendre encore tout ce qu'est la tendresse d'une mère, si vous n'aviez pas la vôtre.

LETTRE CXV ET DERNIÈRE.

A Naples.

Je me suis embarqué hier, avant l'aurore, et je suis allé visiter, avec le soleil, les isles semées dans la mer de Naples.

J'ai vu le soleil sortir de la mer, en séparant les cieux et les flots ; les cieux qui sembloient se relever, et les flots qui s'étendoient. On auroit dit que le soleil s'étoit reposé au milieu d'eux, pendant la nuit. Je l'ai vu s'élancer sur le sommet du *Pausilippe* ; courir sur le promontoire de *Misène* ; étinceller dans les ondes qui baignent les isles *Procita*, *Ischia* et *Nisida* ; et s'avançant, ensuite, vers la borne horisontale où le ciel confine à la mer, effleurer de ses rayons les plus doux, Baïes, et Pouzzol ;

et le golfe qui les sépare; et le *Monte Nuovo* formé, en une seule nuit, par l'éruption d'un volcan; et le *Monte Barbaro*, où jadis mûrissoit le Falerne; enfin, les champs Élisées, les débris de *Cumes*, et les ruines de sept cités, qui florissoient autrefois sur ses rivages.

Arrête-toi un moment, Soleil! Laisse-moi parcourir tous ces beaux lieux, que la nature sembloit avoir créés exprès pour délasser les Romains de la conquête de l'univers, ou la leur faire oublier!

Me voici, avec les flots de la mer, sous le second portique de l'amphithéâtre de *Misène*. Après l'avoir parcouru, je monte dans le portique supérieur; et là, je contemple ce pas que la mer a mis huit cents ans à faire pour entrer dans cet amphithéâtre. Combien de siècles la nature a-t-elle donc à elle pour faire ses révolutions!

Redescendu, j'ai erré, à pied sec, dans cette piscine, nommée, à si juste titre, *piscina admirabile;* dans ce vaste réservoir, soutenu, de distance en distance, sur tant d'énormes piliers qui ressemblent, par leur élévation, par leur masse, par leur nombre, par leur ciment indestructible, par leur voûte immense et leurs ruines, aux fondemens de l'empire romain.

J'ai passé devant trois rangs de tombeaux, élevés l'un sur l'autre, et entr'ouverts par le temps à la lumière.

On venoit donc déposer les cadavres des habitans de Misène sur les bords de cette onde, séparée par un canal, du reste de la mer de Naples, qui, là, privée de tout mouvement, est noire, hideuse, fétide, ne vit réellement plus, est *morte.*

Voici les champs Élisées. Quel silence! quelle tranquillité ! quelle fraîcheur !

quelle soirée mélancolique et délicieuse, sous ces ombrages épais, et dans ces sentiers solitaires!

Mais, à cent pas, voilà les enfers. Admirable contraste! Comme il est fidèlement rendu dans les vers suivans de Tibulle, que ces lieux me rappellèrent!

Dans l'éternelle nuit qui remplit ces lieux sombres,
Gémit, emprisonné, le peuple errant des ombres.
Là, tourne incessamment, pour punir Ixion,
La roue inexorable où l'attacha Junon.
Là, de l'affreux Cerbère, acharné sur sa proie,
Épouvantablement la triple gueule aboie.
Sysiphe, en haletant, gravit, roidit ses bras,
Et pousse au haut d'un mont un roc, qui roule en bas.
Ô fureur! ô supplice! ô vengeance inouie!
Entendez-vous crier l'infortuné Titie?
Son cœur rongé renaît sous le bec du vautour.
Et Tantale? Il est là. Du lac qui dort autour;
L'eau s'offre au malheureux sur le bord de sa bouche;
Mais l'eau trompe Tantale, et fuit, dès qu'il la touche.
Tout mortel, en ces lieux, aborde avec horreur:
Pour moi, du tendre Amour, fidèle adorateur,

Je trouve, en descendant de la barque fatale,
Vénus, qui m'attendoit sur la rive infernale,
Qui me sourit, m'appelle, et, me tendant la main,
Conduit mon ombre heureuse au bois éliséen.
Là, parmi les lilas, philomèle amoureuse
Mêle aux voix des oiseaux sa voix mélodieuse ;
Là, l'œillet et la rose émaillant les vallons,
Boivent l'eau qui murmure et fuit sous les gazons ;
Le jour y luit plus doux ; et le jeune Zéphire,
Épure, en l'embaumant, l'air frais qu'on y respire.
On n'y voit que des jeux, que d'aimables débats ;
Et l'amour, qui sans cesse anime aux doux combats
Mille couples errants, mille bandes errantes
De beaux adolescens et de filles charmantes.
Mais quel est, ô Vénus ! ce jeune favori,
Dont le front brille au loin, ceint d'un myrthe fleuri ;
Qui s'avance, à pas lents, en suivant le rivage ?
Est-ce un fils d'Apollon ? est-ce un héros ? un sage ?
Le ciel est juste, enfin : c'est un fidèle amant,
C'est un tendre mortel qui mourut en aimant.

En sortant des champs élisées, je suis allé visiter les restes des temples de Vénus-Génitrix, de Diane, de Mercure, les débris des bains de Néron, les ruines d'une foule de maisons de campagne, d'étuves où l'on trouvoit la santé, de thermes où l'on trouvoit mille délices, et sur-tout ces charmans rivages, si funestes à la pudeur et si favorables à l'amour, où les zéphirs, où la mer, où l'air, où tout détachoit les esprits et les cœurs du joug des pensées austères; où parmi les chants voluptueux de voix et d'instrumens efféminés, mêlés au souffle des zéphirs et aux accens des oiseaux, venoient se perdre les accens des trompettes guerrieres qui, dans tous les pays du monde, célébroient les victoires de Rome, et en sollicitoient de nouvelles; où, enfin, pendant que des généraux, des consuls, des empereurs chantoient, dansoient, soupiroient, toutes les nations essuyoient leurs larmes et respiroient un moment.

Oui, je conçois, au milieu de ces ruines, dans l'état même où sont ces rivages, que, lorsque ces temples étoient entiers, qu'on y célébroit les fêtes et les mistères de Vénus, qu'on y sacrifioit à Mercure; que, lorsque tous ces thermes, toutes ces étuves, tous ces bains, tous ces lieux de délices, de santé et de force, étoient incessamment fréquentés; que tous ces théâtres étoient remplis de l'élite des grands de Rome et des beautés de l'Italie; que ce golphe étoit couvert de voiles de pourpre, de banderoles flottantes et de mâts ornés de fleurs, qui emportoient et rapportoient sans cesse, sur une mer jonchée de roses, une jeunesse folâtre et brillante; qu'enfin, à l'heure où le soleil descendoit des cieux dans la mer, à cette heure la plus corrompue de toutes les heures de la soirée, lorsque tout s'abandonnoit ici à la volupté, comme à une convenance même du soir et du lieu ; oui, je conçois qu'alors ce fut un reproche à faire à Cicéron, d'avoir une maison de campagne à Baye; que Séneque, en voyageant, craignit d'y dormir une nuit ; et que Properce crut sa Cinthie infidelle, dès qu'elle y fut arrivée. — Moi-même je trouve ce séjour, quoique tant changé par les siècles et les volcans, quoique désert, quoique couvert de ruines qui pendent et tombent, et disparoissent incessamment dans les ondes, je le trouve encore dangereux : il me semble que cet air a retenu quelque chose de son ancienne corruption, dont il n'est pas épuré : je sens mes pensées s'amollir à ces aspects, à cette situation, à cette ombre vague, légère, qui, successivement, éteint dans le ciel, sur la mer, sur toutes les montagnes, sur tous les sommets des arbres, les dernieres lueurs du jour; mes pensées s'amollissent sur-tout à ce silence qui se répand, de moment en moment, sur ces rivages, et du sein duquel s'élève par degrés le touchant concert du soir, composé du bruit mélancolique des rames qui sillonnent les flots éloignés, des bêlemens des troupeaux répandus dans les montagnes, des ondes qui expirent en murmurant sur les rochers, du frémissement des feuilles des arbres, où les zéphirs ne se reposent jamais, enfin, de tous ces sons insensibles, épars au loin dans les cieux, sur les flots, sur la terre, qui forment en ce moment, comme une voix incertaine, comme une respiration mélodieuse de la nature endormie!

Quittons-les, ces dangereux rivages, et rembarquons-nous pour Naples.— Après demain nous retournerons à Rome.

TABLE
DES MATIERES
Du Tome II.

LETTRE LXV.

A ROME.

Description de la villa Borghèse. — Le Curtius. — Le gladiateur. — L'Apollon. Page 1

LETTRE LXVI.

A ROME.

Ouvrages françois et modernes, que l'on trouve chez les libraires. — L'académie des Arcades. 6

LETTRE LXVII.

A ROME.

L'arrivée d'Herminie chez des bergers,

racontée par le Tasse, et peinte par le Guerchin. 9

LETTRE LXVIII.
A ROME.

L'Apollon du Belvédère. 13

LETTRE LXIX.
A ROME.

Les catacombes de S. Sébastien. 20

LETTRE LXX.
A ROME.

Le Moyse de Michel-Ange. 27

LETTRE LXXI.
A ROME.

La villa Adriana. 29

LETTRE LXXII.
A ROME.

Le Laocoon. 35

LETTRE LXXIII.
A ROME.

Le colisée. 57

LETTRE LXXIV.

A TIVOLI.

Imitation, en vers, d'une élégie de Properce. 66

LETTRES LXXV.

A TIVOLI.

Imitation, en vers, d'une élégie de Tibulle. 71

LETTRE LXXVI.

A ROME.

Remarques sur l'état ecclésiastique et les habitans de Rome. 76

LETTRE LXXVII.

A ROME.

Continuation du même sujet. 82

LETTRE LXXVIII.

A ROME.

Continuation du même sujet. 87

LETTRE LXXIX.

A Rome.

Continuation du même sujet. 90

LETTRE LXXX.

A Rome.

Continuation du même sujet. 102

LETTRE LXXXI.

A Rome.

Continuation du même sujet. 106

LETTRE LXXXII.

A Rome.

Statue de Sainte Thérèse, par le Bernin. 116

LETTRE LXXXIII.

A Rome.

Les curés. 118

LETTRE LXXXIV.
A Rome.
Tableau de l'Aurore, par le Guide. 123

LETTRE LXXXV.
A Rome.
Jardin de la villa Borghèse. 126

LETTRE LXXXVI.
A Rome.
Eglise de S. Pierre. 133

LETTRE LXXXVII.
A Rome.
La parure des Romaines. — Imitation, en vers, d'une élégie de Properce. 141

LETTRE LXXXVIII.
A Rome.
Sur le cardinal de B..... et le pape. 143

LETTRE LXXXIX.

A Rome.

Tombeau du Tasse. 147.

LETTRE XC.

A Rome.

Sort des Juifs à Rome. 150

LETTRE XCI.

A Rome.

Cérémonies religieuses de Rome moderne. — Cérémonies religieuses de Rome antique. 153

LETTRE XCII.

A Naples.

Tableaux allégoriques des quatre âges de la vie de l'homme, des quatre âges de la vie de la femme, 160

LETTRE XCIII.

A Naples.

Arrivée de l'auteur dans cette ville. 163

LETTRE XCIV.

A Naples.

Description du château Capo-di-Monte.
166

LETTRE XCV.

A Naples.

Grotte de Pausilippe. — Tombeau de Virgile. — Lac d'Agnano. — Grotte du chien.
178

LETTRE XCVI.

A Portici.

Description du cabinet des antiques.
182

LETTRE XCVII.

A Salerne.

Route de Naples à Salerne. — Etat de cette ville.
191

DES MATIERES.

LETTRE XCVIII.

A Poestum.

Description du lieu. — Des temples. 195

LETTRE XCIX.

A Naples.

Peinture d'Herculanum. 201

LETTRE C.

Au sommet du Vésuve.

Eruption de ce volcan. 206

LETTRE CI.

A Naples.

Apperçus sur les habitans de Naples, et son gouvernement. 214

LETTRE CII.

A Naples.

Continuation du même sujet. 219

LETTRE CIII.

A Naples.

Continuation du même sujet. 227

LETTRE CIV.

A Naples.

Continuation du même sujet. 234

LETTRE CV.

A Naples.

Continuation du même sujet. 239

LETTRE CVI.

A Naples.

Continuation du même sujet. 243

LETTRE CVII.

A Naples.

Continuation du même sujet. 246

LETTRE CVIII.

A Naples.

Continuation du même sujet. 256

LETTRE CIX.

A Naples.

Tableaux de l'Espagnolet. — Tableaux

DES MATIÈRES. 319

de Solimènes. Tombeau de Sannazar. — Catacombes de Naples. — Liquéfaction du sang de S. Janvier. 260

LETTRE CX.
A NAPLES.

Imitation d'une élégie de Tibulle. — Fétes céréales. 264

LETRE CXI.
A NAPLES.

Tombeau d'André, second roi de Naples. — Tombeau de Jean Caraccioli. 270

LETTRE CXII.
A POMPÉIA.

Description de cette ville. 275

LETTRE CXIII.
A NAPLES.

Vues de Naples. 285

LETTRE CXIV.

A NAPLES.

Première éruption connue du Vésuve. — Mort de Pline l'ancien. 288

LETTRE CXV.

A NAPLES.

Les isles aux environs de Naples. — Misène. — Piscina admirabile. — *La mer morte.* — *Les champs élisées.* — *Délices de baies.* 299

Fin de la table du second volume.

www.ingramcontent.com/pod-product-compliance
Lightning Source LLC
Chambersburg PA
CBHW071240160426
43196CB00009B/1130